画说《永乐大典》

奉璋 / 策划　王树超 / 撰　卢珊 / 绘图

图书在版编目（CIP）数据

画说《永乐大典》/ 奉璋 策划；王树超 撰；卢珊 绘图 . —北京：东方出版社，2024.6
ISBN 978－7－5207－3863－7

I. ①画… Ⅱ. ①奉… ②王… ③卢… Ⅲ. ①《永乐大典》－通俗读物　Ⅳ. ① Z224-49

中国国家版本馆 CIP 数据核字（2024）第 037009 号

画说《永乐大典》
（HUA SHUO YONGLEDADIAN）

作　　　者：奉璋 策划；王树超 撰；卢珊 绘图
责任编辑：周　颖
装帧设计：石笑梦
责任校对：张世琪
出　　版：东方出版社
发　　行：人民东方出版传媒有限公司
地　　址：北京市东城区朝阳门内大街 166 号
邮政编码：100010
印　　刷：北京中科印刷有限公司
版　　次：2024 年 6 月第 1 版
印　　次：2024 年 6 月北京第 1 次印刷
开　　本：880 毫米 ×1230 毫米　1/32
印　　张：5.875
字　　数：58 千字
书　　号：ISBN 978－7－5207－3863－7
定　　价：32.00 元
发行电话：（010）85924663　85924644　85924641

版权所有，违者必究
如有印装质量问题，我社负责调换，请拨打电话：（010）85924602　85924603

目 录

序 章
《永乐大典》到底有多牛 / 01

第一章
成 书

一、爸爸的儿子们 / 07

二、皇位抢过来 / 13

三、《永乐大典》编起来 / 17

四、"黑衣宰相"姚广孝 / 23

五、一代才子解缙 / 30

六、字缝里的人物 / 35

第二章 天物

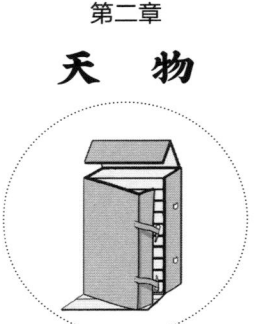

一、《永乐大典》是套装吗？ / 45

二、古书是怎么装帧的？ / 50

三、《永乐大典》的制作工艺 / 56

四、《永乐大典》还是个绘本？ / 61

五、《永乐大典》存放在哪里？ / 66

六、《永乐大典》有几个版本？ / 70

第三章 命运

一、谁曾是《永乐大典》的读者？ / 77

二、"盗版"天团 / 82

三、退缩的小偷 / 88

四、翰林大盗 / 94

五、真正的厄运 / 98

六、成为他国国宝 / 103

第四章
回 归

一、坎坷回归路 / 109

二、古籍修复术 / 116

三、《永乐大典》的修复 / 121

四、《永乐大典》的影印 / 126

第五章
价 值

一、《永乐大典》怎么看？ / 131

二、《永乐大典》与《四库全书》/ 136

三、如何在《永乐大典》里"捞书"？ / 142

四、"捞书"故事 / 146

一、《永乐大典》里的经典 / 151
二、古人也爱玩"算法" / 156
三、戏曲"小时候" / 159
四、《永乐大典》里的"小地方" / 162
五、各种各样的医学妙方 / 166
六、古人教你做美容 / 172
七、古代也有"黑科技" / 176

第六章

含 英

展　望 / 179

《永乐大典》的"个人档案" / 182

序 章
《永乐大典》到底有多牛

1402年,明成祖朱棣即位,年号"永乐"。第二年,他就迫不及待地开始了《永乐大典》的编纂工程,到1408年彻底竣工。

这时候,英国和法国正处于水深火热的百年战争。

圣女贞德在这场战争中成为了法国的民族英雄。

同一时间，美洲大陆的玛雅文明正处于内乱之中，而"发现美洲大陆"的哥伦布还要再等几十年才出生。

西方的同行们直到《永乐大典》成书的 363 年后（1771 年），才完成《不列颠百科全书》的编纂，此时的《永乐大典》早已纸页泛黄，就连它的后辈《四库全书》也要开始修编了。

　　如果你觉得明代的皇家大典只收道德文章，那就错啦。你想学看病、种树、做木工、画画、写字、穿衣服，这里有。你想学下围棋、弹琵琶、观天象、看风水，这里有。你想看花、看山、看俊男靓女，这里也有。

　　——那我要是想学电脑、开挖掘机、研究生物制药呢？
　　——……额，没有，这个真没有。

那么《永乐大典》有多大呢?

一册书长约50厘米,宽约30厘米,厚约2厘米,基本是你手上这本书的两倍。

《永乐大典》竟然有11095册!

一册册接起来,就有好几公里了,可以绕400米跑道摆十几圈!

《永乐大典》总共用了大约十万张白棉纸,每张厚度为0.12毫米,单本成书厚度2厘米左右。整套书摞起来有70层楼那么高了。

《永乐大典》的总体积和两头大象差不多。所有书册足能放满十多平方米的房间，要用四辆大卡车才装得下！

《永乐大典》收集了明初以前的图书约 8000 种，光目录就有 60 卷，总字数更是高达三亿七千万。

如果一个人从呱呱坠地开始，每天"啃"一万字文言文，当他读完这本书，就已经是一位 101 岁的老人了。

《永乐大典》不愧是当时世界上最大的百科全书。

第一章 成书

一、爸爸的儿子们

要讲《永乐大典》，得先从永乐皇帝的爸爸——朱重八说起。

朱重八是个苦命的孩子，一出生就是困难模式。

25岁时,他加入了郭子兴领导的红巾军,投身到反抗元朝残暴统治的队伍中。

为了能够吃饱饭,真汉子当然要选择红巾军

"朱重八"这个名字有点太接地气,他决定给自己换个高大上的——"朱元璋"。

这个名字看似文雅,实则狠霸。

"朱元璋"是诛灭元朝利器之意,我的名字我的路!

朱元璋有勇有谋有城府，把他的上司要么变成傀儡，要么杀死，自己则当了几十万大军的主宰。

最终，叫花子出身的朱重八打败了渔民（陈友谅）、盐贩子（张士诚）和农户（方国珍）。于1368年在南京称帝，建立了明朝。

看，朕给你们打下了江山

明朝建立后，朱元璋仍对元朝残余势力一路追打。在战火纷飞的岁月里，老朱只有一项娱乐活动：生娃。

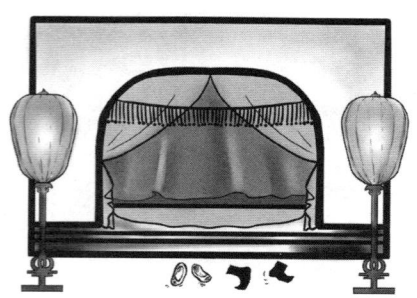

和不同的她，"彻夜长谈"

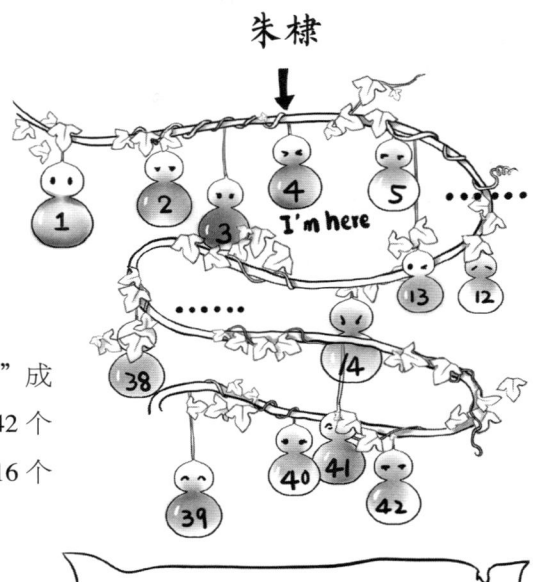

老朱的"造娃运动"成绩斐然：他一共生了42个孩子，有26个儿子，16个女儿。

高产的老朱一家

家里的孩子实在有点多了，为了便于梳理，老朱给后世子孙的名字做了统一规划：五行相生。

木生火，火生土，土生金，金生水，水生木。

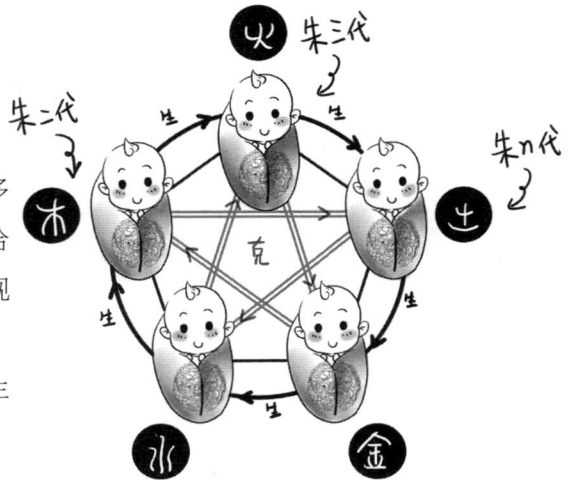

老朱儿子们的名字都是用"木"做偏旁的：朱标、朱樉、朱棡、朱棣、朱橚……他还为每个儿子的后代们都拟定了二十字辈分。

朱棣一支的字辈为：高瞻祁见祐，厚载翊常由，慈和怡伯仲，简靖迪先猷。

不得不说，朱元璋真是编码学的一把好手。

在这么多儿子里，朱棣并不是爸爸最喜欢的一个。当"小四"呱呱坠地的时候，老朱都没看一眼就去前线了。

朱爸喜欢大哥，没办法，大哥居长。

朱爸还喜欢三哥，没办法，老三忒帅。

二、皇位抢过来

大哥朱标温文儒雅、仁慈宽和，老爹喜欢。可是身体不好，一次出差回来，积劳成疾，竟然去世了。

二哥朱樉在西安只知道吃喝玩乐、虐待宫女。最后被三位老妈子下药毒死，连他爸爸朱元璋都大骂："罪有应得！"

这位拥有李世民、杨广同款"秦王"封号的王爷，可以说是史上最失败的秦王了。

三哥朱㭎能干，有兵，还专怼小四，他一生最大的遗憾或许是——比他爸爸老朱早死了仅仅 86 天。

似乎老天爷已经为老朱做好了决定——把皇位传给老四吧。然而老朱没有，他给老大朱标的儿子朱允炆封了个"皇太孙"，把皇位传给了他。

老朱咽气前嘱托太孙:"如果外敌来犯,你叔叔们会替你挡的。"太孙说:"那如果叔叔们来犯,我该怎么办?"

老朱想了半天,或许觉得只能"凉拌",就把球踢回给太孙:"嗯……还是你说说看吧。"

面对老朱的沉默,太孙惴惴不安,心中没底了:"那我就以德服人,不行就收他地,再不行就撤他爵,还不行就派兵揍他。"

老朱点点头说:"听你的。"

朱允炆即位后,开始收叔叔们的地盘。朱棣表面装疯装病,蒙蔽了小皇帝。暗地里,他积蓄兵力,收买人心,瞅准机会便起兵南下。

上街疯跑

夏日盖被　　抢夺饭食

朱棣号称自己要"清君侧"(意思是铲除皇帝身边的奸臣,这是造反的惯用伎俩)。

经过四年的战斗,燕王朱棣攻克了南京,宫殿火起,朱允炆不知所踪。1402年,朱棣即位,次年即永乐元年。

三、《永乐大典》编起来

著名学者方孝孺在朱棣抢皇位时拒绝为他做事,朱棣不仅杀了他全家亲眷(九族),还把学生也算一族,一并杀光。

这是中国历史上唯一一起"灭十族"的惨案。

如此大案,伤透了天下读书人的心,引发了士林震动。

群情激奋的读书人

为了收拢人心，分散人们对自己篡权的关注，朱棣决定修一部大典。当然，这只是一部分原因。

其实朱棣的爸爸老朱就想编书。可惜老朱手里是一片烂摊子，元朝残余势力也虎视眈眈。

永乐初年，社会安定、国家富强，朱棣下诏书时还不忘嘱咐说，"毋厌浩繁"。意思是收书越多越好，千万别怕规模大。

他是有底气的：元朝把宋、辽、金的书全都收了，明朝又把元朝收了，官方藏书之多，史无前例。

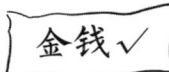

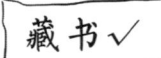

一切就位,开工!

主编是翰林院学士解缙,编者有 147 人,编修地点就在皇家图书馆文渊阁。第二年居然就编完了,朱棣看了看:"就叫《文献大成》吧。"但《文献大成》并不合朱棣心意:"规模还差得远,重修!"

于是,永乐三年(1405 年)正月,朱棣又派了重量级人物太子少师姚广孝任监修全权负责,此外还有管人的总裁、副总裁,管总裁的都总裁,搜集加工资料的纂修、编写,誊写的缮录,专门加朱砂圈点的圈点生,专门画画的绘图……

最终,有 2169 人参与编纂,加上抄写,共约三千人参与。

鸿儒、僧道、名医、画家、书家……形形色色的参与者各显神通。

后勤保障也是顶配。

皇家图书馆（南京文渊阁）——随便进！住宿——就在文渊阁附近！吃啥？——每顿饭都要有酒有水果，光禄寺全包！饭后散步、体育活动也绝不能少！

朱棣非常关心编书进度条。

项目期间,还派专人到全国买书,只要书好,再贵也买。毕竟皇帝说了,"好书无价嘛!"

经过三年奋战,到了 1407 年全书终于定稿了。

这回朱棣满意了,"我是永乐皇帝,那书就叫《永乐大典》吧"。

验收合格后,朱棣亲自为《永乐大典》作了序文:

"上自古初,迄于当世,旁搜博采,汇聚群分,著为典奥……"

　　皇帝又专门征集了一大批擅长书法、绘画的人，花了一年多的时间把全书又抄了一遍（《永乐大典》正本），这就是中国历史上最大的类书问世过程的……简略叙述。

四、"黑衣宰相"姚广孝

姚广孝祖上是南宋初年随宋高宗赵构逃难到江南的普通百姓。北方人到了南方,既不会打鱼,也不会种稻,勉强苟活。幸亏几代以后,某子孙习得了医学技能,靠给人看病过活,然而日子仍然过得紧巴巴的。

1335年,姚广孝出生,乳名"天禧"。他老爸教他学医,但他不感兴趣。某一次他入城,看到一个和尚,背后跟着高头大马的随从。

小天禧惊呆了:"原来和尚也这么有钱啊。"

没多久就天下大乱，姚广孝也像他的祖宗一样踏上了逃难的道路。1348年，13岁的姚广孝削发为僧，法名"道衍"。

同一年，另一个20岁的和尚却还俗了，他的名字叫——朱重八。

姚广孝出家后，云游四方，曾有善相面的人跟他说："你这个和尚真奇怪，一双三角眼，体态像生病的老虎，天性一定喜欢杀戮。"道衍听了不但不生气，反而非常高兴。

道衍虽然是和尚，但拜了个道士做老师，佛道双修。他和当时的文人圈子也打得火热，是著名诗社"北郭十友"的成员。

朱元璋的发妻马皇后去世后，老朱很伤心，把孩子们叫到身边："虽然马皇后不是你们亲妈，但是你们也一定好好念经，安慰她的在天之灵。"为此，他给每个儿子指派了一个和尚。当时的佛教泰斗宗泐把道衍推荐给了朱棣。两人很聊得来。

后来道衍随朱棣去了北平，也经常关上门说悄悄话。皇太孙朱允炆即位后，开始回收叔叔们的地盘。在道衍和尚的劝说下，朱棣决定抢夺皇位。

起兵那天,突然刮起大风,把朱棣房子上的瓦都吹下来,人们都以为是不祥之兆,朱棣吓得脸都绿了。

这时候道衍却笑起来:"恭喜恭喜。有风有雨,是因为您这条龙马上要飞到天上。风吹瓦落,是要给您换成皇帝专用的黄瓦。"顿时人心大定。

抢夺皇位的战斗很艰难,道衍见朱棣自己都要放弃了,就时不时打打鸡血,给朱棣打气。攻打城池时进度条卡顿,道衍说:"干脆直接打南京吧!"

最后夺位成功,论功行赏,道衍第一,被授"僧录司左善世",两年后又被封为"太子少师",官居正二品,是永乐年间文人官职的天花板。

出谋划策

加油鼓劲

道衍很爱惜读书人。他曾劝朱棣:"南京破城那天,方孝孺一定不投降,但你千万别杀他。不然,天下'读书种子'就灭绝了。"

但是朱棣没有听从他的劝阻。

朱棣让道衍当了太子的老师,恢复了他出家前的姓氏。道衍因"出家太久,只记得姓姚"。朱棣便给他赐名"广孝"。

姚广孝白天穿朝服上朝，晚上就换上黑色的袈裟，成为史上著名的"黑衣宰相"。

白天　　　　　　　　晚上

"怎么总让我监，老衲又不是总监。"

后来，姚广孝担任了《永乐大典》和《太祖实录》的监修，是主持编修的最高官员。

1418年，朱棣又建永乐大钟，已是83岁高龄的姚广孝担任监铸。

同年，姚广孝去世，朱棣十分悲痛，为他举行了隆重的葬礼，并亲自撰写了《御制荣国公神道碑铭》，这在整个大明朝都是绝无仅有的。

这块神道碑，目前保存于北京市房山青龙湖镇常乐寺村。

几百年后，姚广孝的名字很少有人知道，但他却有一个家喻户晓的徒弟——郑和。

修大典

下西洋

五、一代才子解缙

解缙天生聪明，很小就能写字、作对，当时传为神童。

有一次，解爸爸与朋友下棋，朋友举着棋子说："天当棋盘星为子，谁人敢下？"解爸爸对不上来。缙宝宝不慌不忙地说："地当琵琶路当弦，哪个能弹？"他还有副著名的对联，据说是讽刺当时的奸臣纪纲的，上联是：墙上芦苇，头重脚轻根底浅；下联是：山间竹笋，嘴尖皮厚腹中空。

洪武二十一年（1388年），19岁的解缙考中进士。他向朱元璋提出要编纂一部大型类书。他说："元朝人弄的那些东西，就像苍蝇飞、兔子刨一样琐碎。"

老朱很高兴，刚要启用解缙，他却开始弹劾别人。虽然解缙言语轻慢经常得罪人，但平时杀人如切菜的老朱却说："这货不过是懒散惯了，没啥坏心眼儿。"

朱棣即位后，很快就组织人手编纂《永乐大典》，解缙是总裁之一，事实上，却基本是一个人说了算。修完书后，解缙升职加薪。

> 爹，我心胸宽广……

> 哥，你那是身躯宽广。

朱高炽　　朱高煦

朱棣的大儿子仁厚，二儿子勇武，在立谁做皇太子的问题上，朱棣犯了愁。

于是询问解缙的意见："你说说，哪个好？"

> 这还用问吗？必须选老大！

解缙

这个问题，曹操曾经问过贾诩，因为他也有两个优秀的儿子——曹丕和曹植。贾诩是老狐狸，他只说了一句："我想到了袁绍和刘表。"曹操秒懂——这俩老哥都是让小儿子接班而砸了场子。

解缙可没那么圆滑，他拍着胸脯说："自古都是立老大。"

朱棣自己就不是老大,所以对他的话一点都不感冒。于是解缙又说:"何况您的大儿子仁爱,大家都喜欢。如果立老二,一定会出事的。"见朱棣还是无动于衷,解缙急中生智,指着老大的儿子说:"这小娃子真是个好皇孙呢。"

朱棣终于被打动,立老大当了太子。

尽管如此,朱棣还是越看帅气勇武的老二越喜欢。总想把油腻肥胖的老大换掉。

解缙实在是执着，又哭着喊着上书说："您这样不行啊，这会引起战争的。"这下，不光老二生气，朱棣也烦透了他，把他送进了监狱。

你这是离间我们爷儿俩！

后来，朱棣翻看囚犯名单，看到了解缙的名字，便问："怎么，解缙还活着吗？"主管纪纲（被解缙讽刺"腹中空"的人）领会了皇帝的意思。他把解缙灌醉，埋到了雪里。

这位大才子就这样含冤而死。

六、字缝里的人物

并不是所有人都像姚广孝、解缙那样广为人知。有很多参与《永乐大典》编修的"小人物",他们的光辉隐藏在大典的字缝里,很多人已经藏于历史的角落再难寻迹。但参与编修《永乐大典》变成他们一生的荣耀,他们把它写在文集中、刻在墓碑上。

青山处处曾埋骨,典籍字字是功勋。

《永乐大典》的编纂真正做到了不拘一格,有才就用,招揽了很多民间高手。

快来一起修大典!

修好大典永流传!

布衣陈济，把家底都买了书，练成了过目不忘的神功。他儿子不服，随手从书架上抽了一本"偏难怪"，说："老爸，都说您是学霸，那咱试试?"结果陈济应对无碍、倒背如流。

陈济的学霸名声传到了朱棣耳朵里，朱棣称他是"两脚书橱"。

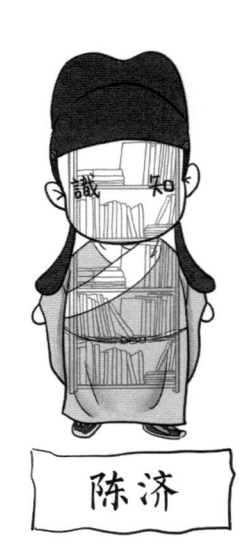

《永乐大典》开修，陈济直接被破格任用为都总裁。

陈济不仅参与制定了《永乐大典》的体例，而且具备几乎对一切疑难"秒答"的特技。

编完《永乐大典》，陈济封了官，可是仍然住在老破小的烂草屋里，每天手不释卷，堪称安贫乐道的典范。

古稀老人滕用亨思维敏捷，特别善于书画创作和鉴赏。朱棣听说后，请来面试。滕用亨写了"麟凤龟龙"四个大字，又写了三首诗，朱棣看了赞不绝口，当即录用。

梁潜曾参与编修《太祖实录》，又来做了《永乐大典》的总裁。朱棣曾派他陪侍太子朱高炽，太子写诗称赞他像春风一般温暖。

这是孤给你写的赞美诗～

苍天啊，我死得好冤枉……

后来，有个陈千户犯了罪，朱棣把他发配到交趾（今越南）。太子念他有军功，就给放回来了。

有人对朱棣说："皇帝惩罚的人，太子却给饶了。"朱棣大怒，杀了陈千户。

梁潜也被牵连到这个案子里，没人为他辩护，他就这样被杀了。当时的人们都觉得非常惋惜。

副总裁刘均，早起晚归，精心考据，一心做学问，不取悦别人。《永乐大典》编成二十年后，被人牵连，发配到大西北，病死在旅馆中。

莆田的林圭曾以高龄参加《永乐大典》编修，达官显贵们凡是路过莆田的，都会去老先生家里拜访。

张洪也参与了编修工作，可是他并未就此停下自己的步伐。后来，他出使了日本和缅甸。

周述和周孟简是兄弟,两人同时中了进士,弟弟第二,哥哥第三。朱棣看了说,"弟弟不能排在哥哥前面",于是把哥哥排在了前面。后来,兄弟两人双双参加了《永乐大典》编修。

福清的林鸿当时号称闽中十才子之首,为人洒脱,不善于处理复杂的官场关系,不到四十岁就辞职回家。到六十多岁的时候,听说要修《永乐大典》了,欣然而往。

广西的胡崿修完《永乐大典》后,该封官了,他却回了老家,隐居在葱翠的山林里,他还修了个小楼,起名"环翠",春夏之交,嫩叶拂人。

福建的王恭，自称"皆山樵者"，在山里砍柴，也被推荐来编《永乐大典》。他的样貌清爽、须发如雪，穿着山里的衣服，像一只孤鹤，又像纯洁的白鹭（孤鹤振鹭）。

石彦诚曾是武义县丞。他处理事务的时候，不仅让乡亲们旁听，还虚心请他们帮忙。后来，他奉命去修《永乐大典》，父老们在道路两旁哭泣，为他送行。

还有一名编修者，只知道姓陈，名字已经淹没在历史尘埃里。可是，他把参与编修《永乐大典》作为一生的荣耀，写到了自己的墓碑上。

两千余人的编修团队，绝大部分人的故事都已被历史遗忘。然而正是有了他们，才铸就了这千古奇书——《永乐大典》。

第二章
天 物

一、《永乐大典》是套装吗？

今天图书馆里的书，大部分都是竖着放，这样方便拿取。

取放都是竖着的。

一直站着好累哦！

但你是书立啊。

有时，我们也会用书立辅助书籍保持竖直的状态。

可是古代的宣纸太软，竖着放容易松动，书脊也容易断，因此都是平放。

快站好。

不可能，我要躺平！

古人讲究"雅"，"躺平"这种姿势太俗，不好看，所以还要装到专用的函套里。常见的函套有四合套和六合套两种。函套多以厚纸板外裱其他材料制作，四合套将封面、封底、书脊、书口四面包住，六合套则是包六面，封面处都要重叠一层，在书口一侧以布扣穿骨签固定。

我是有设计的月牙套。

四合套

不同的六合套

第二章 天物

买箱送书！

册数较多的大套装册页类书籍，不仅会用到函套，往往还放在书箱（书匣）里。

普通的书箱用防虫木材，比如榉木、樟木等制作；豪华的书箱可以用紫檀木、金丝楠木、黄花梨木等，外面还会刻上精美的装饰花纹，甚至用金玉装饰。

带子上会有书籍名称、收藏日期等等记录

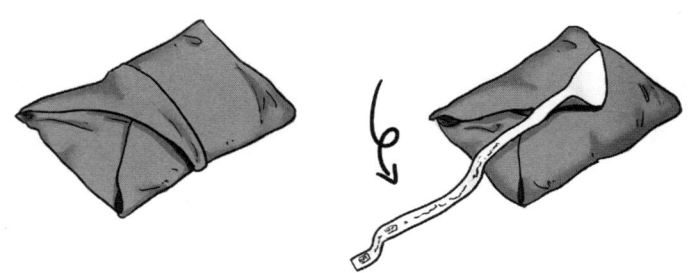

有时候，还要用软布做成套子或袋子包裹图书，这叫"书帙"。

近些年手帐文化中流行的书衣、我们小时候常用的书皮，其实都是老祖宗千年前使用的书帙的变体。

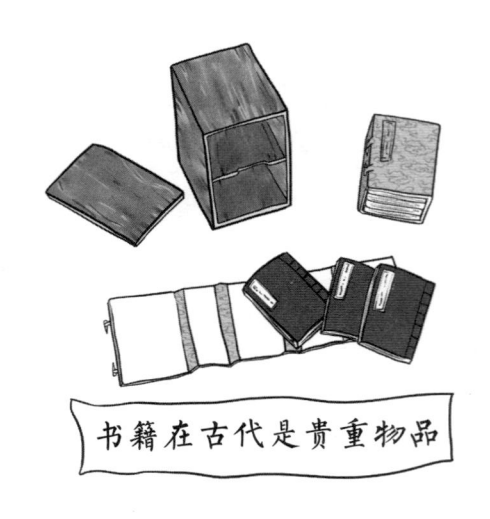

纸或绢帛制成书帙，布或锦制成函套，木制成匣。书籍的这一整套保护保存办法，就叫"装潢"。"装潢"一词始见于南北朝时期，后为历代习用。

书籍在古代是贵重物品

皇皇巨著《永乐大典》是不是也用到了函套、书箱和书帙呢？

据考证，《永乐大典》的书帙是黄色绢布制成的，每十册装到一个函套里。其中光是目录60册就装了6套；正文共11035册，装了1104套，一共装了1110套。

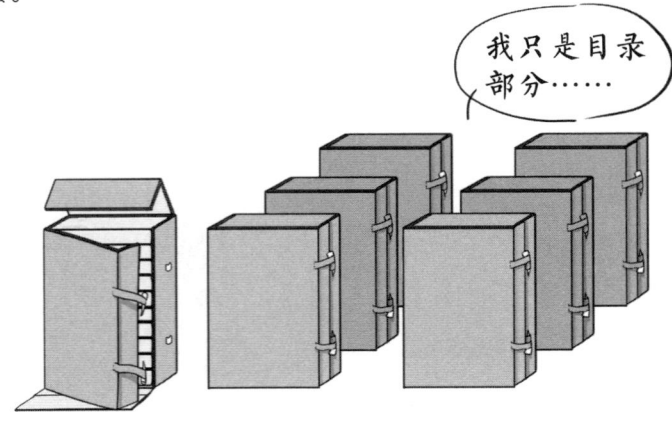

我只是目录部分……

到了清朝，皇史宬保存《永乐大典》很不精心，每个柜子高两米，有12个格子，每个格子的宽度仅比《永乐大典》宽出一厘米，这就意味着每从一格里抽出一册，都有可能让《永乐大典》的边角受到磨损。

而存放清朝典籍的金匮长约134厘米，宽约71厘米，高约130厘米，用料贵重。

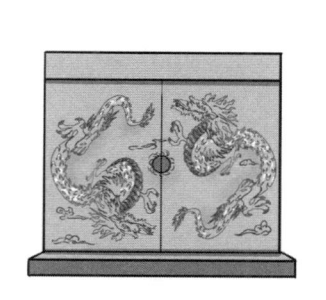

《永乐大典》配套的函套、书帙自乾隆以后逐渐消失，到了清朝末期已毫无踪影。

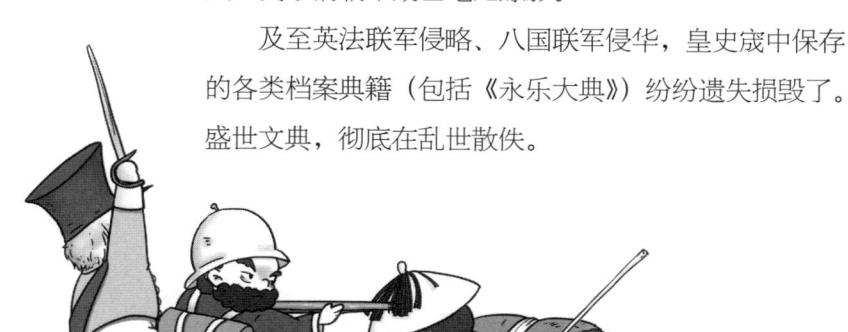

及至英法联军侵略、八国联军侵华，皇史宬中保存的各类档案典籍（包括《永乐大典》）纷纷遗失损毁了。盛世文典，彻底在乱世散佚。

二、古书是怎么装帧的?

早在文字出现之前,人类就会在绳子上打不同的结用于记事。三千多年前,人们把文字刻在龟甲或兽骨上,这就是"甲骨文",将几片甲骨用麻绳串起来就是最早的"书籍"了。

结绳记事

甲骨雕刻

铭文在鼎内

商朝早期,人们开始把文字刻在青铜器上,叫作"铭文"。西周时期的"毛公鼎"上有铭文近五百字,是所见青铜器中铭文最多的。

竹　　木　　简　　牍

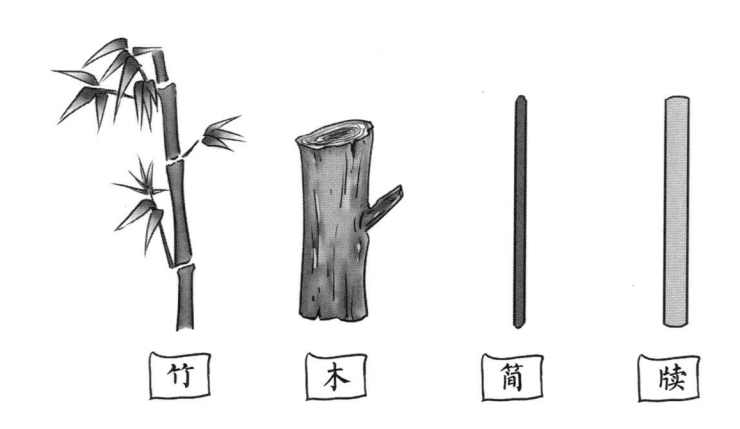

春秋战国时期，人们把文字写在木片或竹片上，写在窄片上的称为"简"，写在宽片上的称为"牍"。

哎呀！又断了！

将"简"或者"牍"用丝、草或藤做的绳子编起来，称为"策"（"策"和现在"册"的意思相近）。

孔子读《易经》的时候，把竹简上的牛皮绳磨断了好多次，这就是"韦编三绝"的典故。

竹简体积不小，又十分沉重，用啥装呢？庄子说他的好朋友惠施家里有五车书。后来人们就用"学富五车"形容一个人学问大。

后面还有两车！

汉朝的幽默大师东方朔给汉武帝上书的时候，用了三千片"牍"，两个大汉才勉强能够抬得起来。

竹简确实有些笨重。有钱人会把字写到丝绸上，这叫作"帛书"。不看的时候，用轴卷起来，这就是"一卷书"的来历。

这样做方便、优雅，唯一的缺点就是——贵。

其实还有更"贵"的——东汉灵帝熹平年间，曾把儒家经典刻在46块大石碑上，一共有20多万字，这就是著名的《熹平石经》。

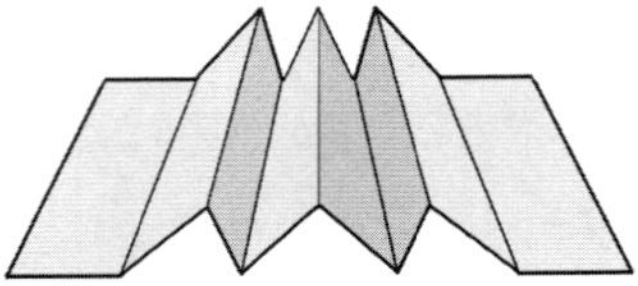

纸张

经折装书籍

龙鳞装

南北朝佛教盛行，出现了梵夹装（贝叶装）佛经。此后，人们把书页粘接、折叠起来，制成长长的一页纸，首尾页加装硬质纸或木板，做成竖长条状的书籍。由于起初主要用来抄写佛经，因此也叫"经折装"。

后来，这种装帧也用于奏疏，比如"奏折"。但别被电视剧骗了哦，"奏折"是清朝才有的呢。

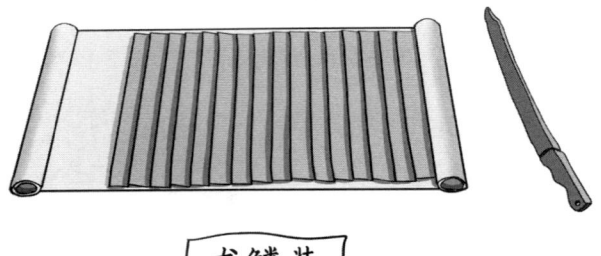

经折装容易散开、折断，人们就用一张比书页略宽的大纸做"底"，第一页单面书写文字直接粘贴在底纸上，剩下的书页每页错开一点，粘贴在底纸上。整本书收起时外观和卷轴装相似，但展开后书页自然卷曲，犹如龙鳞，又能翻飞如旋风，故称为"旋风装"，也叫"龙鳞装"。

翻阅龙鳞装的书需用专门的工具——书拨。

"蝴蝶装"出现于唐朝后期,宋朝印刷术发达后迅速走红。它将印有文字的一面朝里,对折起来,再以中缝为准,将全书各页对齐,最后裁齐成册。翻阅起来就像蝴蝶两翅翻飞、因此叫"蝴蝶装"。

蝴蝶装

包背装

"蝴蝶装"虽然漂亮,但翻动太多容易脱落,还有仅单面有字的致命缺点。为此,元朝时期人们发明了包背装。它将文字面朝外对折叠在一起,书页两边用线穿起来,并装上封面,这与今天的书籍已经很类似。这样做成的"包背装"后来发展成了线装书。

我们的主角《永乐大典》就是"包背装"。

三、《永乐大典》的制作工艺

> 光是封面就有很多讯息。

据载,《永乐大典》"高为营造尺一尺五寸六分二厘五毫,宽营造尺九寸三分七厘五毫"(明代 1 营造尺等于 32 厘米,因此大典高约 50 厘米,宽约 30 厘米)。书的封面是硬装的,用高贵的黄绢包起来,左上方黏有一个长方形的书签,框内题"永乐大典"四字,字下方还有双行小字,说明这册书的卷数。为便于查阅,封面的右上方写着所属韵部。

《永乐大典》每一卷有 10 到 30 页不等,每一册一般是 2 卷,因此一册书大概有 50 页,用料都是最上等的白棉纸。

这是一种用桑树皮和楮树皮为主制成的皮纸,有绢帛的质感和光泽,因此也称"白绵纸"。

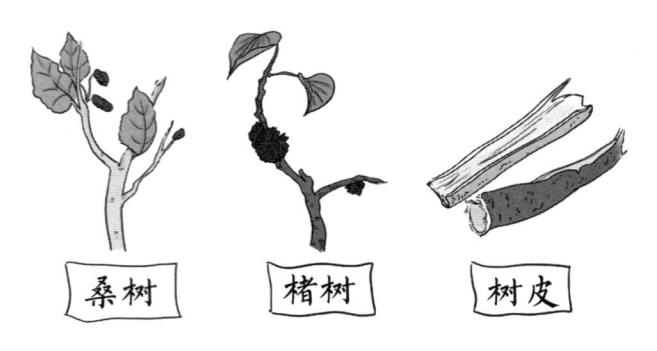

桑树　楮树　树皮

书版版框是朱色双边，版心高 35 厘米，宽 22 厘米，书页里"留白"很多，这样看起来美观、大气。

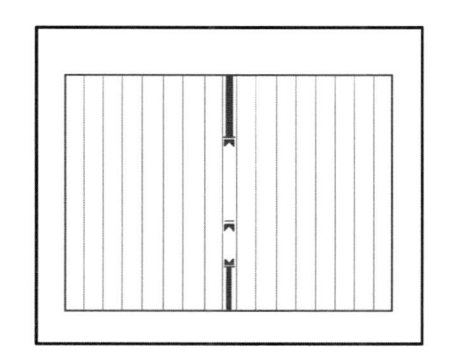

主要还是咱不差钱。

朱丝栏

大典有用红笔画的边栏，叫"朱丝栏"，把每半页分成八行，"朱丝栏"的每一笔都不是印刷的，而是纯手工绘制的，端庄美观。

手绘栏格也是大工程——如果不用工具，画得慢还不能保证整齐。据推测，可能是用薄板将边栏、书口处镂空，固定，再在板上用笔刷上红色而成。栏内的直格是另一次完成，现存的部分书上还能看到画直线用的"针孔"。

版心上、下各有一条粗粗的"象鼻",中间还有"鱼尾"。"鱼尾"上方记载书名和卷数,下方记载页数。

"象鼻"和"鱼尾"也都是人工用红笔画的。

可别以为我灭绝了,我 2015 年还获得了中国国家地理标志保护产品的称号呢。

《永乐大典》的用墨是历史上有名的"徽墨"。徽墨落纸如漆,色泽黑润,经久不褪,纸笔不胶,香味浓郁,丰肌腻理,反正全是优点。

正文的大字占一行,小字就抄成双行,每行小字 28 字。正文以楷书写成,端正整齐,大小一致,工整温雅,被称为"台阁体",是科举考试影响下的产物。

←京城

字不好看落榜了……

参考书名和句读是用红笔写的——原来《永乐大典》是双色的呢！古人写文章不用标点符号，而是在应断句的字旁边画个圈圈，就是"句读"。

更有意思的是，书中的圈点并不是笔写出来的，而是用内空外圆的芦、竹、骨或玉制笔管蘸上朱砂印泥戳上去的。

看！多圆！

《永乐大典》简直是人类手工书写、制作书籍的精品。无论是其中内容还是书籍制作本身，都是当之无愧的国之瑰宝！

四、《永乐大典》还是个绘本？

中国古代主流典籍多是重视文字，轻视插图。历代史书里记载的故事不计其数，却没留下多少历史人物的肖像。司马迁说秦始皇鼻子像山峰，眼睛是长条，声音像豺狼。但《史记》不是个插图本。

看完你能拼出朕的脸吗？

字抄好了，图也要吗？

小孩子才做选择。

《永乐大典》抛弃了这一传统，收录了很多古籍里的图像资料。而且水准相当高——都是宫廷画师们一笔一笔画出来的！

现存的《永乐大典》虽然不足原来的4%，可是还能找到60种书籍里的1236幅插图，无一不是珍贵的文献资料和艺术珍品。

《四库全书》在收录插图的时候，有一些对原图"打折"处理了。而《永乐大典》则一丝不苟，严格遵照原图，展现出了高超的临摹技法。甚至，画师们对原作者的绘画水平也高度复原。

《宣和博古图》中的插图是宋徽宗亲自画的，特别精致，画师们的笔法也十分细腻。而吕大临的《考古图》有些粗糙，画师们也把这份"粗糙"保留了下来。

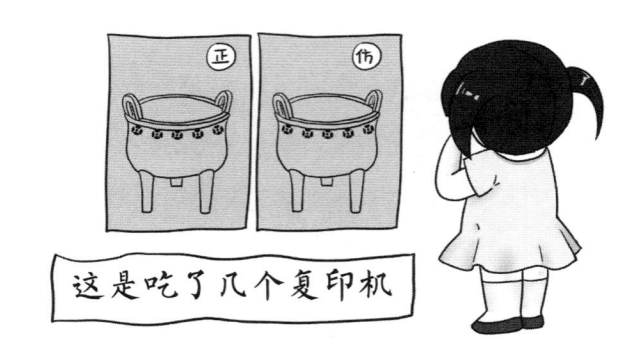

《永乐大典》里的插图包罗万象，只有你想不到，没有你找不到。在第18222册的"像"字条下，保存了包括杨雄、韩愈、司马光在内的16幅圣贤肖像插图。其中收录的《圣贤图像赞》临摹自宋代的碑刻，线条柔软简洁，动作神态丰富。明代的著名画家陈洪绶曾临摹过《圣贤图像赞》中的这些碑刻，感叹道："前十天看起来还挺像的，再过十天看，又觉得不像了。"临摹难度可见一斑。

而《永乐大典》里的临摹图无论造像、构图，还是线条疏密都与原作几乎一致，简直就像复印的一样。

宛如兄弟的孙子、庄子、孔子画像

《永乐大典》中画像的另一个来源是《庙学典礼本末》，它的妙处是真实，并不像之前的作品，圣贤都是"天庭饱满，浓眉大眼"。（司马光就曾经写诗说自己"面黄细瘦"，像个山里人。）

这些人物的个性，也体现在《庙学典礼本末》中，幸赖《永乐大典》得以保存下来。

在古代，地图属于国家机密，一般人不让画，能画地图的人，都相当有功底。《永乐大典》里很多地图，都不用符号，而是非常写实，甚至连山地石头的质感、河里的水花都画出来了，就跟照片差不多。

《永乐大典》里的青铜器图也很精美,"尊"字条下面,有个象尊图,全用白描手法,流畅简洁,象鼻子上翘,象牙锋利,象足的莲花形都刻画得细致生动。

关键是,后来在陕西宝鸡出土了一个西周的象尊,和画上的形制非常相似。

有些图片反映了古代的风俗、礼仪。如"丧"字条下的腰绖、斩衰衣、铭旌等配图,有助于我们了解古代丧礼仪式的变迁。

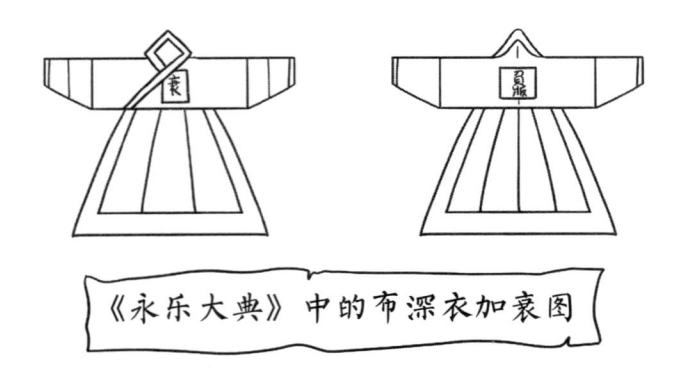

《永乐大典》中的布深衣加衰图

有些图还有校勘作用,就是指出其他书里的错误。比如,《山海经》里原本有很多图,但是失传了。现在的版本是后人补画或临摹的。

胡文焕在万历年编刻的《山海经图》里的"黑人"皮肤是白的,而《永乐大典》里的"黑人"却是黑色的。(《山海经》图本早已失传,《永乐大典》所摹版本多为宋版。)

《永乐大典》里,还有好多好多图,等待我们去欣赏呢,比如:

在"壶""尊""鼎""釜"等字条下,有很多青铜器、陶器插图;在"门""庙""匠"等字条下,有很多古建筑插图;在"乌""梅""蓉""精""貘"等字条下,有很多动植物插图;在"地"字条下,有教人看风水的图……

五、《永乐大典》存放在哪里？

古代的书是宣纸做的，容易受潮。于是人们把书放在箱子里，书箱有个专门的名字叫"笈"。

这就是为什么珍贵的图书叫作"秘笈"。

箱子的大小不同，称呼也是不一样的。最小的叫"匣"，大一点的叫"箱"，再大些的北方多叫"柜"，南方多叫"橱"。有的做工还很精美。

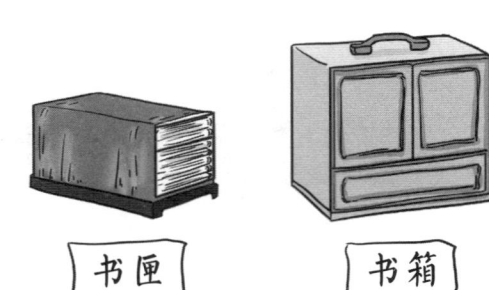

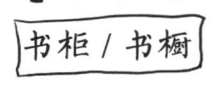

书匣　　书箱　　书柜／书橱

书的摆放也是有讲究的，隋唐以来，一般按照经、史、子、集来分类。

"经"放儒家经典、幼儿启蒙类的书；"史"放历史、地理方面的书；"子"放诸子百家；"集"放诗文辞赋。

不清楚怎么分就都放到集

树皮做的宣纸，如果潮湿了，就会变成霉菌和书蠹虫的乐园，所以书还要经常拿出来晒一晒。

据说，七月七日是古代的晒书节。东晋的郝隆就曾在七月七日大中午躺平晒太阳，别人问你干啥呀，他说："我晒书。"

我肚子里都是书。

据说藏经阁前都有个扫地僧

有钱的读书人很多都有藏书楼，不少寺院也有"藏经阁"，那《永乐大典》放在什么地方呢？

《永乐大典》修完后被存放在南京皇家图书馆文渊阁里，位置在东阁的下阁，并有专门的职员看管，这位老先生戏称自己是书中的"蠹鱼"（书虫）。

我才是真正的蠹虫！

永乐十九年（1421年），永乐皇帝把首都迁到顺天府（北京）。下令"南京文渊阁里的所有图书，不管有100套还是只有1套，都要送1套到新都来"。

最后，拉了整整100箱书，共10船，《永乐大典》也在其中。

这些书籍送来后被放在北京文渊阁的"金匮"里。所谓"金匮"其实是铜皮雕龙樟木柜。超级粉丝嘉靖皇帝组织重新抄录了《永乐大典》的副本，放在皇史宬。

这是中国现存最大的皇家档案库，能防火、防潮、防虫、防霉。如此周密的保护，能让《永乐大典》安全穿越历史的岁月吗？让我们接着往下看。

六、《永乐大典》有几个版本？

永乐皇帝首先组织了浩浩荡荡的编书抄写大军，完成了《永乐大典》的全稿，这个初版本就是《永乐大典》稿本。看到稿本的他很满意，又组织了专业的书法家、画家抄手团队，把稿子又抄了一遍，这个版本就是《永乐大典》正本。

《永乐大典》稿本一直没有离开南京。直到正统十四年（1449年），南京宫内大火，书被烧了。

嘉靖四十一年(1562年)，北京宫中失火，永乐正本幸得抢救未毁。超级大粉丝嘉靖皇帝觉得稿本已毁，正本现在是孤本了，太不保险，就组织"盗版"天团重抄了一遍，这一抄便抄到嘉靖过世。

1567年，《永乐大典》的第三版——嘉靖副本终于完工。（有一种说法认为，副本完成后，正本和副本分别存放在皇家图书馆老馆文渊阁和新馆皇史宬。）

万历年间，有人建议把《永乐大典》刊印出来，发扬光大。然而限于排版印刷的难度、工作量、投入等等原因，最终刊印的事情不了了之。

万历年间,徐光启建议翻印部分历法内容

所以,历史上的《永乐大典》只有三版,初版的稿本、誊抄的正本和再抄的副本,全是手工抄写制作的,印刷版的《永乐大典》根本没存在过。

时间跨越到现代,凋零殆尽的《永乐大典》才有了影印版本。

明朝末年，人们发现永乐正本也不见了踪迹，甚至有人把这称为"中国书籍史上最大的悬案"。

关于永乐正本的去向，目前有多种猜想。

有人认为，永乐正本被徐光启经由利玛窦、耶稣会途径传入西方，由此开启了西方的百科全书热潮。

有人认为，永乐正本"活"到了清朝，毁于 1797 年乾清宫的一场大火。但是，乾隆修《四库全书》的时候，并没有发现正本。所以这种猜想很可能站不住脚。

也有人认为，永乐正本在明末就毁于李自成进北京时放的火了。

还有人认为，永乐正本是被隆庆皇帝给他爸爸——超级大粉丝嘉靖皇帝送到皇陵陪葬了。

这个猜想的证据虽然渺茫，但似乎是有的：一是嘉靖皇帝曾让人抄了副本，说"两处收藏"，有可能会按唐太宗陪葬王羲之真迹的先例进行陪葬。二是嘉靖皇帝死后等了三个月才下葬，可能是等抄完书再一起埋。

可惜，种种猜想都只是猜想，后来世人见到的，其实都是嘉靖副本。而永乐正本的下落，至今仍是个悬案。

我不在江湖，江湖中只有我的传说

第三章
命 运

一、谁曾是《永乐大典》的读者？

明成祖朱棣一腔热忱组织队伍编纂了《永乐大典》，编完后，他却忙着迁都北京、到处打仗，忙于各种政务，《永乐大典》就这样被束之高阁。

朕只想安静看会书

朕去得太早了……QAQ

明仁宗朱高炽，皇位还没坐热，就去找爸爸了……

明宣宗朱瞻基,每天只想斗蛐蛐。

明英宗朱祁镇在土木堡和蒙古瓦剌部打仗,战败,被关了一年。

回来又被弟弟关了七年禁闭。

明景帝　明宪宗　明武宗

而后的明景帝朱祁钰忙着保卫北京。明宪宗朱见深忙着无为而治，根本不想看闲书。明武宗朱厚照忙着在豹房里养宠物。

拿去看！　皇上圣明！

明孝宗朱祐樘可能是《永乐大典》问世后第一个认真看过的人。不过把玩的成分居多。

他把《永乐大典》里的药方亲手抄下来，赐给了太医院。太医感动得稀里哗啦，专门歌颂说："我皇对苍生的恩德就像天上的彩虹，唐宗宋祖也比不了啊！"

接下来出场的明世宗嘉靖皇帝朱厚熜是《永乐大典》的头号粉丝，史书里形容他对《永乐大典》的态度，用了两个字——"颇嗜"，意思就是"不大典不成活"。

嘉靖道爷在西苑自己关禁闭，二十多年不上朝，除了炼丹、写青词向太上老君定期汇报之外，看《永乐大典》可能是唯一的爱好了。

> 不看《永乐大典》我就吃不下饭！

《永乐大典》是嘉靖皇帝的案头必备读物。

有一次，皇宫失火了，位置离存放《永乐大典》的文楼很近，嘉靖皇帝一夜下了三四道令牌去抢救，这才让《永乐大典》幸免于难。不过，他还是吓出一身冷汗："必须再抄一份，分两处存放。"

> 给朕救书！

由于抄书的人态度实在太认真，副本抄完时，嘉靖皇帝已经归天四个月了。

> 给朕抄书！

别吵吵看《永乐大典》了，宫闱禁地，不得喧哗！

后来，完整齐全的《永乐大典》就再也没有被人看过。

辛苦编书，居然只有俩孙子看！

劳师动众、集结华夏文墨智慧的《永乐大典》读者寥寥。二百多年后，乾隆皇帝编纂《四库全书》时，《永乐大典》已经残缺不全了。

而那之后，就是一连串更让人心酸的故事了。

二、"盗版"天团

由于《永乐大典》的原稿早在正统十四年（1449年）就被大火烧毁了，《永乐大典》正本就是只有一套的"孤本"，万一出啥意外，被老天误删了，那就全完了。

原本永乐帝曾准备再抄录一套出来，可是一想到工作量，退缩了。一百多年后的又一次宫中大火再次危及《永乐大典》，超级粉丝嘉靖帝心头一颤，最终下定决心："还是复制一份妥当。"

于是，嘉靖四十一年（1562年），史上最大的复制粘贴工程开始了。

皇帝很上心，让大学士徐阶全权负责。另外——把高拱、张居正两人的工作也暂停了，全力抄书。后来这三个人跨过"抄大典"的门，先后做到首辅位置。

看来这"盗版"阵容甚至比原版还豪华。

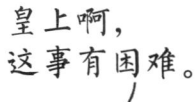

徐阶上书嘉靖皇帝想要降低工作量:"《永乐大典》卷数实在太多了,况且写字、画画这么厉害的人,现在也找不了这么多了,不能太苛刻,抄得差不多就行……"

皇上啊,这事有困难。

编,接着编。朕就看你表演。

徐阶没能糊弄住这位20年不上朝的"炼丹皇帝",嘉靖皇帝把徐阶叫到跟前:"回家好好研究研究!"

@#x
臣告退……

小样儿,就你还想跟我斗!

> 赞美吾皇!
> 还是吾皇英明啊!

徐阶第二天马上回话:"我懂了——大典里有大字、小字,有篆书、隶书、草书,还有山、河、宫殿、草木等插图,要是不严格按原样抄,页码都对不上了,您也是为了我们的方便啊。"

本次抄写分工有序:有专职抄手109人,分别在10个分馆,每个分馆由一个分校官负责,分校官统一向总校官负责。此外,还有俩官员负责考勤、催稿,俩官员负责保管。

总校官:高拱

考勤、催稿组

保管组

每个最底层的抄手都要通过糊名考试的层层筛选,最后,由嘉靖皇帝亲自把关,挑选人员。

不是科举,胜似科举啊

为了戒骄戒躁,保证质量,每人每天只写 3 页,写够 5000 页才算通关。每天的稿件都要逐一校对,只要有一点差错,就会被退回重写。

不是本官太苛刻,是皇上很严格。

如果出现纵容包庇的情况，官员会被就地拿下。

由于皇帝亲自出任品控，最终副本和原本几乎没有区别，副本上也找不到任何涂改的痕迹。

可是认真也是有代价的，那就是——花时间！直到1567年才抄完，居然比原创还多花了两年。嘉靖帝终于等来了抄完的那天——如果他能再多活几个月。

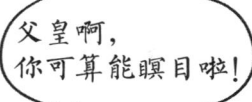

嘉靖皇帝的儿子隆庆皇帝拿到书后的第一句话是:"这套书足以安慰我那已经升天的爸爸了。"

三、退缩的小偷

《永乐大典》手稿毁于大火，正本下落成谜，副本在皇家图书馆皇史宬某个不为人知的角落里吃灰。明末的太监刘若愚曾在他的杂史《酌中志》里感叹："不知道《永乐大典》现在沦落到哪里了。"

> 哎，耗费万千，犹念者唯一太监耳。

> 皇上，有个坏消息……

直到二百多年后，乾隆编修《四库全书》时，才翻箱倒柜又把《永乐大典》找了出来。可是原有的 11095 册已然变成了 9677 册，少了一千多册，缺了足足 2274 卷！

而完整的大套装也变成了顺序混乱的散装本。

乾隆皇帝觉得是以前修书的官员拿回家忘了还。为了不让他们害怕,他便放出话去:"我知道你不是故意的,只要乖乖还回来,朕绝不追究。"结果最后毫无收获,乾隆感到很遗憾。

哥们儿,你说有人还吗?

不可能,谁还谁傻。

偏偏这时候,乾隆的亲儿子,时任四库馆总裁的质郡王永瑢也来拆台:"抱歉老爹,《永乐大典》又丢了6册。"

完蛋,又来了。

皇阿玛,儿臣有个坏消息。

事情还要追溯到 12 天前。

四库馆的纂修官黄寿龄到了下班的点还没干完活,就用包袱裹了 6 册《永乐大典》带回家,准备无薪加班。他打了个马车回家,走到米市胡同(菜市口附近)的时候,突然肛门一紧,就下车找草坑蹲了下去……

> 我一般会忍住,除非忍不住……

> 震惊!想哭!

石化

　　但等他清空肠子回到车上的时候,猛然发现——包袱不见了!

小黄吓傻了，第二天就报给了最高领导永瑢。永瑢也吓坏了，等了12天才敢把这个坏消息告诉他爸爸。

乾隆帝震怒："我让你们在图书馆好吃好喝，你们却上班真划水，下班假拼命。图书管理员一并问罪！"同时他还要求全城检查，不放过任何一个角落。

一个月以后，有人在东交民巷御河桥边，发现了这 6 册大典。

原来，趁某天月黑风高，小偷偷偷跑了十几里夜路，把书放到了最显眼的地方，就差去自首了。

书找回来了，可处罚一点也不能少：直接领导永瑢王爷、财政部部长（户部尚书）、文化部部长（礼部尚书）、政法委书记（刑部尚书）……十几个大领导，都算玩忽职守，统统罚 3 个月工资。

按清朝法律，黄寿龄该罚一年工资，降职一级。可是，他刚参加工作，还没级别。只能先记下来这个"降级"，等以后升职时予以抵扣。

四、翰林大盗

修完《四库全书》后,《永乐大典》的名气在民间也大了起来。与之相反,皇家对《永乐大典》的保存管理却更加疏忽了。因此,一些翰林院的官员打起了盗卖《永乐大典》的主意。

可是,一册《永乐大典》相当于今天的两本书大小,拿在手里,还是很明显的。门口保安不是傻子,但大学士们却有办法骗过他们的眼睛。

大学士们早上进翰林院的时候，带一件棉袍来，但不穿到身上，而是塞到包袱里，看起来跟两册《永乐大典》一样大。

下班时，把棉袍拿出来穿上，把两册《永乐大典》装进包袱里。

门口保安哥哥看到领导早上带一个包进来，晚上带同样的包出去，也就不疑心了。

这群大学士还总结出了规律：一次带两册最合适，带一册不过瘾，带三册看起来又有点"明显"了。

著名学者文廷式去世后，子孙们把他的遗物拿出来卖，其中就有《永乐大典》。这都是他生前偷回家的，足足有一百多册。人们这才知道，作为堂堂大学士，文化名人，居然做出过这么下作无耻的事情。

五、真正的厄运

翰林学士的偷窃虽然导致了《永乐大典》的流失,但还不是它真正的劫难,它的厄运还在后面。

清末,中国历史上最黑暗的一页被揭开——外国侵略者的疯狂让中华大地山河破碎、满目疮痍。而《永乐大典》的命运也和国运紧紧地捆绑在一起。

1860年英法联军侵占北京,烧杀抢掠,抢夺珍贵文物,有"万园之园"之称的圆明园也化为灰烬。

炮火之中,再无盛景

英法联军恣意地焚烧、遗弃、撕毁翰林院中的珍贵古籍:《四库全书》文渊阁本也未能幸免,乾隆末年还剩九千多册的《永乐大典》,经过这场浩劫,只有八百多册残存于世!

40年后(1900年),八国联军侵华,《永乐大典》的噩梦再度袭来。慈禧太后放弃了紫禁城,带着亲信们逃到了西安,残存的八百多册《永乐大典》只能任人抢掠。存放《永乐大典》的敬一亭被毁,大部分书籍被烧毁,免于火灾的,也散落在冒着黑烟的瓦砾中。

学者刘可毅曾经在马槽下捡到几块"砖头",这是侵略者用来铺路、垫大炮用的,他细细一看,竟然是《永乐大典》。

国运不存,
文道不兴。

英国人辛普森的《庚子使馆被围记》记录了当时的惨况:"翰林院里的古籍排成行,有数千万卷……池子里、井里扔得到处都是","这些书的价值与黄金相等","无价的文字都被烧毁,书函被人随意抛弃","很多都是凝聚前人苦心的手抄本","有的书有华丽的绸面,手工装订,有的书书法非常漂亮,这些书都被乱扔一气"。

"这些书太宝贵了,我平时都见不着,于是拣着好的抢起来。在火光里找了一路,抱着书狂奔……"

他们抢完后,还贼喊捉贼跑到总理衙门报案,并且不知廉耻地夸耀说:"将来中国遗失的文字或许能出现在欧洲,这也是让人称奇的事呢。"

六、成为他国国宝

随着一次又一次的侵略战争,侵略者们把我们老祖宗留下的珍贵文物、图书,作为自己的战利品浩浩荡荡地运了回去。英国、意大利、日本……都把中国当成了掘金地。

其中,英国人抢走《永乐大典》的数目最多。英国人莫利逊曾在八国联军侵华战争中抢走了 6 册《永乐大典》,他还收集了大量的中国图书文献,建立了莫利逊文库。

他们不光亲自动手抢,还用钱抢。

他们曾以每册十两银子的价格向翰林院的学士们购买典籍,诱导他们加速偷窃《永乐大典》。

黄遵宪出使英国的时候，王颂蔚临别嘱托："听说伦敦城尚有满满两间屋子的《永乐大典》，希望你多找一找。"

想想办法，带回来吧。

《永乐大典》，我们的，买。

然而《永乐大典》没有回到风雨飘摇的清朝政府，大多被卖给了日本人。日本人又收购了莫利逊文库，在此基础上成立了东洋文库。东洋文库甚至放话出去：有人要卖《永乐大典》就先找他们。

1943年，拥有民国时期私人藏书第一人称号的"江浙巨富"，嘉业堂主人刘承干生意逐渐式微。

一次，他的姨太太赛马赌输了，要把家藏的《永乐大典》出售。不过条件是："要买就把四十多册都买了，零买勿扰。"

东洋文库一时拿不出这么多钱，就勾结了二战侵华代表，时任南满洲铁道株式会社（简称"满铁"）总裁的松冈洋右。最终，这批《永乐大典》由日本控制下的"满铁"大连图书馆占有了。

海外对《永乐大典》的搜求，更加刺激了国内部分官吏和书商的心脏。他们为了牟取暴利公然将《永乐大典》运往他国贩卖。

利润让资本大胆起来

曾做过民国司法总长、财政总长的董康，于1914年携17册《永乐大典》到日本，以每册150元的价格出售。

欢迎参观。

日本馆藏珍宝

11095册的皇皇巨著，几经战火离乱，只残存400册左右。其中，日本共存110卷，59册。东洋文库现在是日本国立国会图书馆的分馆，而《永乐大典》也跟着成为了该馆的镇馆之宝。

第四章
回 归

一、坎坷回归路

1901年6月，清政府外务部收到两封英国使馆发来的公使函，请外务部派员去英使馆运取残存的《永乐大典》。外务部找来翰林大学士们说："你们看着办吧。"最后共收到英国寄回的《永乐大典》330册。

清末筹建京师图书馆时,准备将翰林院残存的《永乐大典》移交京师图书馆。

书还没捐呢,大清先亡了。

中华民国成立后,鲁迅建议将翰林院所存《永乐大典》残本送归教育部,移交北平图书馆储藏。然而本该有300余册的翰林院,竟然只剩64册了。

写作翰林读作贼

袁同礼先生一直将抢救《永乐大典》视为己任。20世纪20年代,他在欧美游学时,在英国的图书馆发现了《永乐大典》残本,在德国也发现了4册。他专门写文章详细记录哪几册散落在哪里。

大典侦探袁同礼

七七事变前,袁同礼担心北平图书馆古籍落入日军手里,将300箱古籍(其中包括60册《永乐大典》)运往上海法租界,后又运往美国国会图书馆暂存。

1965年,这60册《永乐大典》被送往台湾地区,现存于台北故宫博物院。

大典已送达,请签收吧。

1945年夏，苏联红军进军我国东北，接管了日寇控制的"满铁"图书馆，"满铁"旧藏全部作为敌产被没收了。"满铁"从江南富商刘承干处收购的44册大典被列宁图书馆收藏。

新中国成立后大力收集散落于国内外的《永乐大典》。苏联听说后，于1954年将其收藏的52册《永乐大典》送还中国。此前，列宁格勒大学已将11册《永乐大典》送还中国政府。第二年，德意志民主共和国也将3册《永乐大典》送还中国。

1951年,周叔弢先生将家藏的一册《永乐大典》无偿捐献给国家。

20世纪60年代,周总理曾特批专款从香港藏书家陈清华手中购回了一批古籍,其中就有4册《永乐大典》。

这是中国人民应尽的责任。

"向国献宝潮"中的一员

匹夫有责,书生报国

在张元济先生的倡议下,被日本轰炸焚毁过的商务印书馆将所藏21册《永乐大典》赠送国家图书馆。随后,赵元方先生也将家藏的一册《永乐大典》捐赠出来。1958年,北京大学将4册《永乐大典》移送国家图书馆。广东文管会也移送了3册。向国家图书馆捐赠《永乐大典》的还有张季芗先生、金梁先生、徐伯郊先生、陈李蔼如先生以及赵万里先生。

1983年，在山东掖县一位农村老人家里偶然发现了一册《永乐大典》，其"天头""地脚"空白处已被裁去做鞋样、卷纸烟，但敬惜字纸的习惯让文字部分几乎完整地保留了下来。

书是宝贝啊，俺虽然不识字，但尊重文化。

去伪存真　　不容有失

2007年，听说一位已移民加拿大的女士家中存有1册《永乐大典》，国家图书馆与国家文物局组织专家先后进行了4次鉴定，确认是真品，才最终收藏。

就算有人哄抬价格，也必须拿下

2020 年 7 月，一位华人女士在法国巴黎拍卖会上以 812.8 万欧元（折合人民币 6427 万元）的高价竞得两册《永乐大典》。

我的兄弟姐妹们大多不在了

截至 2023 年，海内外已知存世的《永乐大典》总计 436 册（819 卷），分散于世界 8 个国家和地区的 30 多位公私藏家手中。

中国国家图书馆先后入藏《永乐大典》224 册。

二、古籍修复术

经历了漫长时间，古籍存放中难免会有老鼠啃、虫子咬、霉糟、酸蚀、老化、磨损等等情况，因此往往都有破损。有些破损很严重，这就需要进行修复。

残损古籍糟烂难辨真容

大夫，我是几级伤残？

修复之前，核查登记是非常重要的工作。档案信息（包括档案的编号）和书目信息包括书名、卷册、索书号、版本类型、外观描述。

登记中还要为古籍进行定损，一般分为五级：轻微破损，轻度破损，中度破损，重度破损和严重破损。

要熟练掌握修复技艺并不简单

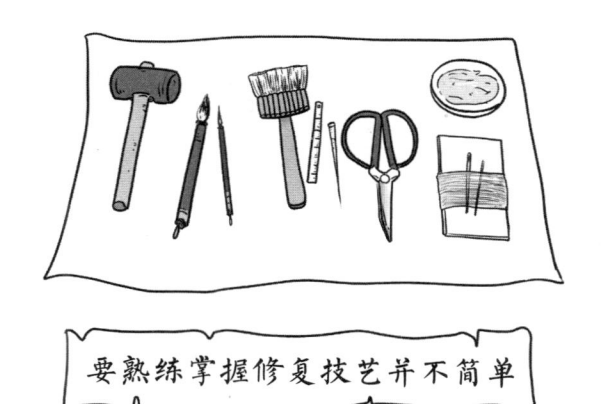

修复需要专业人员和专门的工具：除了纸、剪子、镊子、刀子、起子、刷子、笔、锤子、针、小麦淀粉糨糊等传统工具，纸张纤维检测系统、酸度计、通风橱、LED 光源补书板等现代工具也常常被用到。

古籍的修复一般从"揭"开始：先将装订线剪开，再把古籍一页页分离。

书页分离并不简单，根据古籍的破损等级有不同的分离手法。如果书页比较干净、仅有轻微粘连，就可以使用手术刀、镊子等进行物理分离——"干揭"。

干揭

←浸泡于蒸馏水

湿揭

"湿揭"则要先将书页打湿，粘连十分严重的书页必须要完全浸透，降低书页间的黏性，再慢慢揭开书页。湿揭对操作者的要求很高，一不小心就会伤害到古籍。

我真不是用来做饭的！

蒸揭

"蒸揭"是介于干揭和湿揭中间的一种方法。如果书页粘得结实，干揭不开；纸的强度不够，湿揭会揭破。这种情况下，用水蒸气将书蒸几秒钟再揭开，就是蒸揭。蒸揭的蒸锅没有盖子，书的四边都悬空着，不能碰到笼屉。蒸一下，揭一点，再蒸一下，再揭一点，是对修复人员技术和耐心的双重考验。

醒醒，
该换纸了！

书页揭好，就要开始"补"。要修哪一页就先喷上清水，让纸张舒展开，用毛笔把糨糊均匀涂在破损页边缘，粘上修复纸，裁剪整齐。再用两张吸水纸夹住，用板压平，吸上一夜水。为了让纸张湿润度始终一致，压平期间隔一两个小时就要更换一次吸水纸。

我酸了

竹纸、
现代工业纸

有的书页被老鼠咬了，就要补很大的地方。

有的书页发霉了：黑霉斑用棉签就能擦掉，黄霉可以直接用清水洗，红霉得用专业药水环氧乙烷处理。

有的纸张酸化易碎，需要用专业的脱酸技术进行修复。

我还好

麻纸、
皮纸

有些毁损特别严重的古籍,修复起来简直像玩拼图游戏。一个人一天都可能修不完一页。

所有书页都"补"好后,就到了最后一道工序:"全"——按原来书页的顺序叠齐、修剪,用大理石或压书机压实后装订保存。

三、《永乐大典》的修复

积累了《赵城金藏》《敦煌遗书》等古籍修复项目的经验，2002年10月，《永乐大典》修复工作启动。由于国家图书馆所藏的224册《永乐大典》大都是难得的明代原版装帧，其修复就有了"不拆装帧"的规定。修复时尽量保持装帧原状，不能拆开书脊把书页分成单张修补——这个前所未有的要求让修复工作变得十分困难。

你咋能拆？

嘿嘿，因为我是清朝重装。

《永乐大典》书页很重，不堪重负的封皮就多有损伤，明清两代也曾对其进行过封面重裱。经历战争后苏联归还的部分，有的封皮甚至是用报纸糊的。

Я верну́лся（我回来了）！没想到吧？我还进修了俄语。

鉴定　　买布　　染色

《永乐大典》的封皮是合制的，表面的丝绢又粗又厚实，修复组先找当时的北京市纺织品研究所鉴定，确定用料为生丝；又在瑞蚨祥找到了相似的织料；再给生丝织品染上颜色接近的染料，这才算搞定了一样修复材料。

我还能再活六百年！

封皮在修复时，只掀起破损周围 1 厘米的部分，修复封皮内纸时也是分层揭开 1 厘米左右，把补纸插进，在补纸上再粘纸，直至补纸和纸板厚度相同为止。

最终修复的《永乐大典》封皮外部生丝、内里宣纸，整旧如旧。

封皮修复已不易，书页修补更艰难。

首先就是获得材料不易。《永乐大典》内页是白棉纸（明代精细制作的昂贵皮纸），多方比对后，获批使用了保留下来的清代"乾隆高丽纸"代替——乾隆高丽纸也是皮纸，纸质相仿。（现在高丽纸本身也是文物，不允许再使用了。）

咱俩差不多嘛

乾隆高丽纸

我这是屈就

《永乐大典》

书页修补工艺极其复杂。修复师创造性地发明了"掏补法"：先将补纸按照破洞的形状裁好，四周用手撕出纸毛，降低补纸和书页互相搭接处的厚度，再蘸上浆糊，拿毛笔或镊子伸进折页中间，一点一点"掏"着修补。

修复是个精细活

因为补洞处是湿的，书页干湿不均容易起皱，所以每补几页就必须要停下来，把宣纸夹进书页之间，用压书板把书夹住，再加重物压平。这极大地限制了《永乐大典》的修复速度，但也最大程度地保持了它的原貌。

修复是个精细活 +1

伤痕也是《永乐大典》历史的一部分，不应该被遗忘。

书页上，常见斑驳的水渍、戳伤，甚至火烧的痕迹。这些伤痕都被如实地保留了下来。

"整旧如旧"的修复理念

> 我以后要考古挖掘找《永乐大典》！

> 我以后要当大富翁买回《永乐大典》！

奇迹永远属于相信它的人

经过修复组的努力，国家图书馆收藏的《永乐大典》已经基本恢复了成书时的原貌。可是那些失传的绝大部分书册，已经无缘与我们相见。

就只能期待未来有奇迹发生了。

四、《永乐大典》的影印

善本书香
知识芬芳

1916年，商务印书馆出版丛书"涵芬楼秘笈"，其中有大量插画的《忠传》就是《永乐大典》原本影印的。这开创了影印《永乐大典》的先河。

这书印的好啊……

其后，1926年，傅增湘先生将收藏的一册《永乐大典》交由京华印书局影印出版。这本影印本精美空前——完全按原样仿真复制。朱墨璀璨、笔锋完美，足以以假乱真。

后来甚至有奸商,将影印版撕掉书皮,撒上灰,泼上水,揉一揉,做旧处理以后,当真本卖。

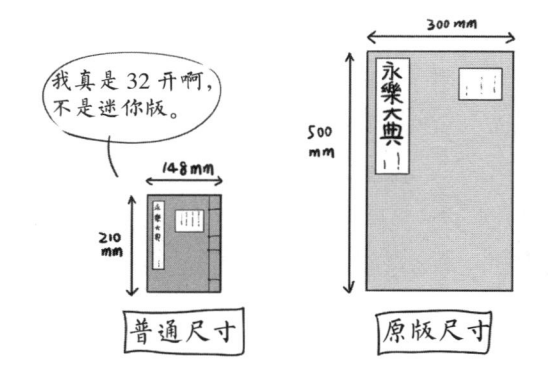

新中国成立后,中华书局成立了专门的班子,筹备《永乐大典》影印事宜。1959 年,影印出版了当时搜集到的 730 卷《永乐大典》。这次影印是双色套印,清晰醒目,共有 202 册,装了 20 函。其中"乌"字韵的一本按照原书版式和尺寸复制,以便广大群众能目睹大典的风采。

随着不断有新本被发现，中华书局的影印工作也陆续跟进，不断推出《永乐大典》续印本。我国台湾地区也出版了《永乐大典》影印本，增加了台湾和柏林所藏的 12 卷。

各种版本的影印本

用完就还！帮帮忙吧！

2002 年，时任国家图书馆馆长任继愈先生发声呼吁，希望全世界的收藏机构、收藏家及有识之士支持《永乐大典》影印。这次影印决定依照原书版式规格、纸张装帧，仿真再造，用以弘扬优秀传统文化，造福中国乃至世界学术界。

截至 2020 年底,国家图书馆出版社累计仿真影印出版海内外《永乐大典》233 册,450 卷。

尚存于世且未被影印的《永乐大典》出版工作仍在继续……

第五章 价值

一、《永乐大典》怎么看？

《永乐大典》到底咋查呢？

回答这个问题之前，我们先来看看永乐"老板"的烦心事。

> 古往今来好玩的东西太多了……

> 分散在这么多书里让朕找得想上吊！

于是永乐帝说："我就想查东西如同——探囊取物！"大家秒懂："您要的这是类书！"

> 这题我会！您要的是搜索引擎！

> 这位同僚，你的知识太超前了。

> 光听名字就知道,这也是本为了皇帝自己看而编的书。

类书,是古代把各种事物按照类别整理的书,有点像今天的"数据库"。

最早的类书,是三国时期魏文帝曹丕组织儒生编纂的《皇览》。

中国古代有很多类书,我们用明代张岱一本精致的类书《夜航船》来说明一下。

> 这书名字好怪,是讲船的构造的?

> 不,这是指书里有作为谈资的各种杂学,可以打发夜间航程。

> 山川风物，
> 奇闻异事，
> 总有你感兴趣的！

要使用《夜航船》这部类书，需要先给想查的东西分个类。比如要查"巢湖"的信息，就要先知道这是地理知识，再在《卷二 地理部》里翻一翻，就会找到"巢湖"条目，然后就能知道巢湖位于合肥并了解到和巢湖有关的有趣传说了。

> 这题我懂，
> 古代拼音！

《永乐大典》的编排方式独具特色，它"用韵以统字，用字以系事"——就是把字按照韵部（就是读音）来分，再把事物按照字来分。

我们试着查一下"巢湖"。

首先,你要有一本《洪武正韵》。这是朱棣的爸爸朱元璋找人编的,其作用类似于今天的《新华字典》。

"巢湖"的最后一个字是"湖",因此我们要去找"湖"字,"湖"字按照古代音韵分类,在《洪武正韵》里是"模"部。

然后我们取出《永乐大典》里《六模》部的所有书册，慢慢就能从大量《六模》部书册里找到"湖"字那本啦。

而且，除了要查的"巢湖"，"日月湖""天星湖"……这些散布在全国各地的湖泊的信息也统统被找到了。

>《六模》……《六模》……
>气死朕了！！
>怎么这么多《六模》！

神奇的是，"巢湖"条目下，完完整整抄了一段《合肥志》里关于巢湖的记载，而《合肥志》这本书早就失传了。

>嘿哈~我可是备份小能手！

《永乐大典》是当之无愧的文化瑰宝

二、《永乐大典》与《四库全书》

《四库全书》是清代乾隆时期编修的，分经、史、子、集四部，因此叫"四库"全书。它是中国古代规模最大的丛书。（丛书：按一定目的，将很多单本流传的书籍汇编而成。）

同为古代皇帝发起的图书编修成果，《永乐大典》和《四库全书》经常被人拿来对比。

除了书的大小不同，我真分不清你俩……

让我们先对比一下两部书的主要参数。

ROUND 1
成书年代

我，《永乐大典》，1408年！

我，《四库全书》，1792年！

《永乐大典》　　《四库全书》

ROUND 2 收书种类

年纪大了记不清，大概八千种！

……3462，比你少……

《永乐大典》　　　《四库全书》

ROUND 3 字数卷数

22937卷，三亿七千万字！

呵呵，承让，79338卷，八亿字！

《永乐大典》　　　《四库全书》

ROUND 4 资源投入

约 3000 人投入编写，耗时 5 年。

3800 多人参与，耗时 13 年！

《永乐大典》　　《四库全书》

ROUND 5 传世情况

正本和副本共 2 套，现存不足 4%……

七套手抄版，目前存世三套半！

《永乐大典》　　《四库全书》

这是不是说《四库全书》胜过《永乐大典》了呢？先别下定论，这两部书在内容上还有很多差别。

《永乐大典》的包容性要高于《四库全书》。

《永乐大典》在编纂时，对参考资料不加删改，原样收录，尽最大可能保持了文献的原貌。

> 不行，不可以，这些都得给朕改！

《四库全书》的总纂官虽是纪晓岚，但决定权其实在乾隆皇帝。编修过程中，删改了许多不利于维持清王朝统治的内容。比如乾隆皇帝对"虏""狄""夷"等字特别忌讳。因此《满江红》的名句"壮志饥餐胡虏肉，笑谈渴饮匈奴血"，被篡改为了"壮志饥餐飞食肉，笑谈欲洒盈腔血"。

有些不符合封建礼教的书，比如《西厢记》等，《四库全书》也拒绝收录。

> 小姐，我们走吧，这儿不收我们……

> 哎，四库虽大，不是咱们的家……

《四库全书》的错别字比《永乐大典》要多不少。有的是大臣故意写错的，就为了让乾隆皇帝在审定的时候亲自指出来，满足皇帝"才华过人""耳聪目明"的虚荣心。

> 还是皇上慧眼如炬，发现了这么多错误。

尽管《永乐大典》传世卷册百仅存一，编修《四库全书》销毁古书六七万卷也饱受诟病，但无论《永乐大典》还是《四库全书》，都是中华民族的文化瑰宝。

它们都经受了近代以来帝国主义侵略中国的战火，惨遭列强的焚烧和抢掠。

在今天，它们又都重新焕发灿烂的光辉！

三、如何在《永乐大典》里"捞书"?

"辑佚"是一项专门的学问,意思是搜集散失的文献。简单说就是把失传了的古籍从别的古籍记载中"捞出来"。中国古代将类似辑佚的工作称为"钩沉"。

《永乐大典》中收录了很多失传的古籍。那怎样在《永乐大典》里"辑佚"呢?这得从它的编纂方式说起。当一本书被收录进《永乐大典》,实际上是把它按照《永乐大典》的体例重新"剪成"碎片,粘贴到各个字头条目下面。

我,剪辑师!

我,拼装师!

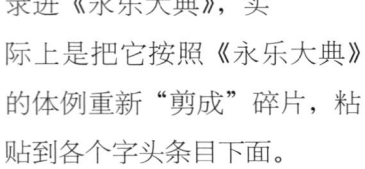

《永乐大典》的编纂模式，就像是出一套《高考数学真题分类汇编》。把历年高考数学试卷汇总，再按知识点重新整理、分类。

第一章函数题，第二章数列题……这就打破了试卷年限、试卷顺序的限制，把某类知识的相关内容集中编排在了一起。

"辑佚"就是把这件事反过来做。给你一本《高考数学真题分类汇编》，让你把某一年的试卷"复原"出来。

> 这可真是太难了……

复原辅导书里的高考题还算容易，复原《永乐大典》里的古籍就太难了！

一本书被打散后可能分布在不同册不同卷中，而所分布的册数越多，打捞复原的难度就越大。《永乐大典》，可是足足有一万多册！

> 你这就是要故意为难我！

宰相刘罗锅——的爸爸

清朝的刘统勋曾上书乾隆皇帝说："原书有的按读音，有的按门类，都分割在不同的字条下，太琐碎了……"

如果这些书丢失了几本,那将其复原就堪称不可能完成的任务了。而《永乐大典》几经毁损,又岂止丢了几本!

那残存的《永乐大典》里到底能"捞"出多少书呢?

四、"捞书"故事

清初学者徐乾学曾跟他的朋友高士奇说:"皇史宬的《永乐大典》里有宝贝可捞,我老了,以后你有机会试试吧。"

> 小徐?我熟啊。他是我外甥啦!

匹夫有责　天下兴亡

顾炎武

> 曾曾孙的书,比我的出名啊……

金庸就是查慎行的后人

康熙年间,学者查慎行在编《佩文韵府》时,想建议皇帝把《永乐大典》翻出来参考。很多人都阻止说:"算了吧,册数实在太多,别给弄脏弄破了。"

雍正年间开三礼书局后，皇帝允许大臣借阅《永乐大典》。李绂和全祖望看到后，发现里面的很多书都是世人不曾见过的。于是二人决定把这些"宝书"抄出来。他们商量好，每天读20卷，把要抄的内容标出来，再找4个人专门负责抄写。

到了实操阶段，他们才发现低估了该任务的难度。全祖望感慨说："司马光的《资治通鉴》，能从头读到尾的，就只有王益柔一个人，一般人没读完一卷就打哈欠了。《永乐大典》的体量，可是《资治通鉴》的百倍呢！"

两年后（1737年），他想抄也抄不成了——被贬为知县后，辞官不干了。不过，他们已经"捞"出了十种失传的古籍，贡献不小啦。

乾隆年间，《四库全书》的编修工作启动。安徽学政朱筠请求把《永乐大典》里不常见的书搜罗整理出来，得到了他的上级，四库馆总裁于敏中的支持。

后来，乾隆皇帝还批准专门设立了"捞书办"（校勘《永乐大典》散篇办书处）。

> 希望能对后世之人有所帮助吧。

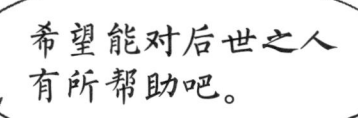

虽然知道这个"捞书办"的人不多,但是经过 8 年努力,他们共整理出 385 种,4946 卷重要的古籍文献,对中华文脉传承做出了很大贡献。

现存的《永乐大典》虽然不足原书的 4%,但我们仍然从中"捞"出了很多有价值的内容。期待未来能有更多古籍被"打捞"上岸,让珍贵的古籍文献再度现世,焕发光彩。

第六章

含 英

一、《永乐大典》里的经典

既生《旧五代史》，何生《新五代史》！

通过历代"捞书家"们的辛勤工作，很多珍贵的古籍资料得以复原。比如说，属"二十四史"之一的《旧五代史》，就是从《永乐大典》里"复原"出来的。

全方位记录了宋高宗年间重要史实的《建炎以来系年要录》，也是从《永乐大典》里"捞"出来的。

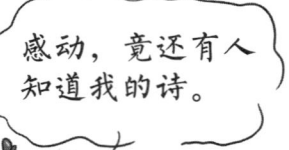

北宋诗人谢逸非常擅长写蝴蝶诗,人称"谢蝴蝶",深受黄庭坚的称赞,可惜他的诗绝大多数都失传了。意外的是,《永乐大典》中竟然保存了一百多首。

> 感动,竟还有人知道我的诗。

和他一样"好运气"的还有范成大。

范成大是与陆游齐名的南宋"中兴四大诗人"之一,但他的《范石湖大全集》在明代之后也失传了。不幸中的万幸,现存的《永乐大典》里又寻回了十几篇他的文章。

> 你们再找找,我作品很多的。

乾隆年间编修《四库全书》的时候，朱筠、周永年提议重视"大典捞书"工作。一开始，参与"捞书"的同事们都斗志昂扬、热情高涨。

后来，大家纷纷离开工作组，把活都推给了周永年一个人。周永年凭着坚强的毅力，硬是埋首案牍，一个人整理出了《公是集》《公非集》等十几种书。

"捞书"速度击败全国99%的同僚！

清代学者徐松，靠着一己之力，在浩如烟海的《永乐大典》里一点点整理，最终理出了资料完备的《宋会要》五百卷，让世人得知翔实可靠的宋朝典章制度。

这不是普通的遗漏！居然连我的诗都能遗漏！

王维

现存的《永乐大典》虽然只剩四百多册，但仍然能"捞"出很多有价值的内容——比如康熙年间学者们编纂《全唐诗》的时候，遗漏了一些王维、韦庄、王贞白、李群玉的诗。

《永乐大典》残存本"梦"字目下，有《西游记平话》中《魏徵梦斩泾河龙王》一段，有力证明了《西游记平话》和此前的众多取经故事，都是"四大名著"之一的《西游记》的素材来源。

文献学家赵万里在"话"字韵中辑出了整本《薛仁贵征辽事略》。研究员林世田辑出了元代的《禅林类聚》……

一时间，"大典捞书"成了出版风向标。有的人甚至把自己编的书伪装成是从《永乐大典》里"捞"出来的。

二、古人也爱玩"算法"

明初，朱元璋就把算学列为科举必考科目，要求学子们必读。

> 要是早生五百年，我就不用学数学了。

> 你想得真美，我们也学！

《永乐大典》的编纂者里有不少数学家，其中民间数学家刘仕隆是主力之一。他不仅精通九章算法，还整理编写了《九章通明算法》。

自古高手在民间

今存《永乐大典》的"算"字条下，引用了古代算书 16 种。不仅给出例题，还给出了答案和解法。答案详细到连分析草图都有，甚至还有"一题多解"。不少题目还介绍了不同朝代对同一题目的求解情况，翔实程度"完爆"今天的辅导书。

比如"开方"算法下有很多细致分类：开平方、开立方、开立圆（已知球体体积，求其直径）等，书里都有详尽的讲解。

《永乐大典》中的例题涵盖了工程、交易、运输、本息等各种实际问题，难度上由易到难，可以说是明代应用题集锦了。

怎么样，要不要来道真题试一试？

> 少年，你看，我这里有份卷子。

> 你，你，你不要过来啊！

> 还是……躲不过嘛……

今有米七斗，值钱三两二钱四分八厘。若有米五石六斗八升，问值多少钱？

友情提示：一石（dàn）即十斗哦。

三、戏曲"小时候"

《永乐大典》保存了三部古老戏剧,它们几乎是中国戏曲的源头。

这三位"戏曲老祖宗"是创作于南宋晚期的《张协状元》(53出),创作于元朝的《宦门子弟错立身》(14出)、《小孙屠》(21出)。它们共同构成了"南戏"最原始的面貌。

> 这里有我最初的样子。

> 别看我还小,但我已经学会了唱、跳、RAP。

虽然这些剧目只处于戏剧发展的"婴儿"阶段,但是已经具备了成熟戏曲的基本要素:歌唱、舞蹈、说白、科范和音乐。更重要的是,这三部戏本没有被明代人改编,是研究宋元时期民情风俗和语言特征的一手资料。

比如负心剧的开山之作《张协状元》就具有鲜明的时代特征：宋代是个"重文轻武"的朝代，所以穷小子考上进士后抛妻弃子，变成"负心郎"的悲剧频频发生。

这类社会现实就被人们改编成戏剧，成为早期的"南戏"。

研究发现，早期戏剧里故事主线内容只占一小部分，更多的表演时间留给了净、末、丑插科打诨，这些角色扮相滑稽，语言活泼，甚至会进行即兴表演，戏剧表演现场十分热闹。

早期戏剧对幽默表演的追求有时甚至会让人产生割裂感——明明戏剧的主线内容是个悲剧啊。

或许正是因为有这种矛盾，后来的文人戏曲更加注重整体，讲究抒情性、悲剧意识和语言精雅。

四、《永乐大典》里的"小地方"

中国古代除了编史书,还有编写地方志的传统。现存于世的方志有八千多种,但宋元时期的仅仅剩下了约四十种,明代的也仅存八百多种。清代的全祖望曾感叹:"宋元旧本多半凋零,明中叶以后的方志,多为胡编。可是,在《永乐大典》里,这些方志竟然都能找到。"

《永乐大典》收录的方志不仅版本早、数量多,而且原志基本上已经找不到了,仅依赖《永乐大典》残卷保存了部分内容。

学者们从《永乐大典》里"捞"出来的方志有九百余种，其中仅宋元及以前的就有一百八十余种。

《永乐大典》的方志覆盖范围也极广，涵盖了当今 21 个省、自治区、直辖市。为我们了解明代的行政区划，提供了很重要的参考。

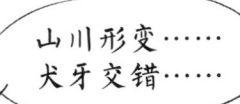

以安徽方志为例：安徽在明代隶属南直隶，包括徽州府、宁国府、池州府、太平府、安庆府、庐州府、凤阳府七府，广德州、和州、滁州三个直隶州，五十个县。

《永乐大典》收录的安徽方志包括全部七府的府志、三个直隶州州志，甚至还有一些下辖州县的方志。这些方志保存了当地历代教育、水利、地震、矿产、动植物资源、家族、民俗、名胜、风土人情等方面的史料，对安徽历史文化的研究意义非凡。

宋代地图 **明代地图**

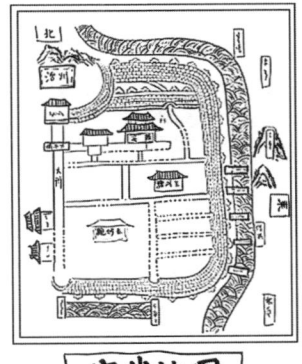

存世量不足 4% 的《永乐大典》里保留了 154 幅精细的古代地图。这些地图还如实保留了不同时期的绘制风格。比如同样是潮州，宋元时期的地图，山脉、河流都特别细腻，有些河湖甚至绘有水波纹。而明初的地图，城池用锯齿加直线表示，道路用单虚线画出……

这是曹孟德，我是曹梦得。请大家眼熟我！

有趣的是，从这些方志里面还"捞"出了一些诗句，比如这句"逍遥五湖上，活计一竿头"的作者是北宋不著名诗人曹梦得。

五、各种各样的医学妙方

《永乐大典》中也有关于医学的记录,但因为留存于世的内容实在太少了,所剩的字条中,仅有"尸""儿""神""寒""蒸""眼""痹""妇""运"等还残存有医学内容。

因此,很多医方都和这些内容相关。

在"儿"条目下,《永乐大典》收录了儿科方剂约1600种,覆盖了许多儿科领域的病症:小儿惊风、丹病、出血、大小便异常、小儿杂症……

这些药方的来源十分驳杂,有的来自名医名著,有的是民间偏方,还有一些是宫廷秘方。

> 据我分析，这应该不是普通偏方。
>
> 又买鱼又买药，肯定是富贵人家。

因为中药大多很苦，小朋友往往不愿意喝，《永乐大典》中记载了一个妙法——把药放在鲤鱼肚子里蒸。鲤鱼能治咳嗽，并且鱼汤味道鲜美，小朋友就愿意喝下了。

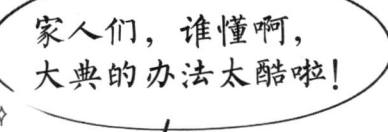

> 家人们，谁懂啊，大典的办法太酷啦！

有些"猛药"，小孩子不宜直接吃，《永乐大典》里也有办法——从鼻子里滴进去，让药从黏膜吸收，有效降低了药物的浓度。

如果是瘀血、痈肿、疮毒等症候,《永乐大典》也有办法——蜞针法:直接用蚂蟥(水蛭)吸。

> 这是放血疗法!我们欧洲人也用!

古希腊医圣希波克拉底

> 强身健体?那来吃点梅子吧!

除了药方,《永乐大典》中还记载了不少食疗方子,食方材料来源众多:蔬果、谷类、鱼肉、药材……仅在"梅"字条下,就引述了20多种古籍的41篇文章,介绍了盐梅、乌梅、白梅等21种梅的储存和腌制方法。

> 新鲜的梅子，把它熏成黑的……

其中记载了乌梅的制法：将梅核刚长成的梅子采到笼中，放到烟囱口熏烤，等到熏干时，乌梅就做好了。不过这样制作的乌梅专供药用，不能当零食吃。

《永乐大典》里还记载了我们熟悉的大诗人传播医学知识的诗作。

杜甫说"黄精"的养颜益寿：扫除白发黄精在，君看他时冰雪容。

张舜民谈"梅子"的食用禁忌：肺疾须拚醉，牙疏不耐尝。

陆游聊自己支援山村医疗的经历：儿扶一老候溪边，来告头风久未痊。

宋代的医学名著《苏沈良方》《伤寒微旨论》等，也都是靠《永乐大典》才得以保存下来。

乾隆年间有个叫蔡葛山的人，他的孙子不小心把铁钉子吞进肚子里，请了不少医生，用尽各种办法都不管用。

恰巧,他正参与编修《四库全书》,看到《永乐大典》里收录的《苏沈良方》中有个治小儿吞铁的药方。他抱着"试一试"的心态让孙子服了药,铁钉竟然真的排泄出来了!

甚至还有人从《永乐大典》中还原出一本专著——《脚气治法总要》。

六、古人教你做美容

在《永乐大典》残卷的"花""妆""油"等条目下,保留了一些美容养颜的方子。

说到对一头秀发的保养,有条件的古人讲究起来可不输现代人。《永乐大典》"沐"字条下记载,古人最常用的"洗发液"就是——米汁。他们认为米汁能让头发长得更长。

其他的偏方还有不少:用乌韭灰、水萍等洗发能快速生发;用蒸莲子取汁洗发能使头发更黑亮;用虱建草洗发可以杀死头虱……

> 欲戴王冠，必先有一头乌黑秀发！

洗发都如此讲究，养发护发类的产品更是不少：宫制蔷薇油、香发木犀油、洁鬓威仙油、惜发神梳散、乌头麝香油、金主绿云油、生秃乌云油……

《永乐大典》卷 8841 里说，腊月榨的清油，不仅能让头发黑亮黑亮的，还能防虱驱虫。

至于这是玄学还是验方，就有待考证了。

> 试试吧，反正也没什么好失去的了。

《永乐大典》中关于美颜产品的记录也不少：麻油草药熬的内宣黄芪膏、鸡蛋清调制的太真红玉膏、适合男士的玉龙膏……

有的面油还记录有完整的制作流程：把腊鹅脂、藿香、茯苓香等混在一起熬至水沸三五次，再用纱布层层过滤而成。

100%纯天然制品，没有科技和狠活！

保养完了，当然还要上个粉：唐宫迎蝶粉是一次次研磨粟米得到的匀净米粉，玉女桃花粉是滑石粉、胭脂、麝香混合的香粉，钱王红白散是石榴皮、西瓜子制作的有色粉……

男女都要有
一白遮三丑
都给我冲！

第六章 含英　175

> 人红，妆更红～
> 我可是唐朝美妆顶流。

《永乐大典》卷 5839 记载，唐朝的上官婉儿用"面花"贴在脸上，遮住额头的瑕疵，她的美妆创意随之风靡大唐。

跟着大典学美容
直播时间：16:00

大典出品之
《美容宝典》
全球销售 x 亿册！

↗ 预约二维码

有关变美的秘方还有很多：口臭怎么办？——用牢牙榄香散！衣服有异味怎么办？——用熏衣笑兰香！体臭怎么除？——用透肌五香圆！

七、古代也有"黑科技"

> 我发誓,我见过。差不多长这样。

纪晓岚在《阅微草堂笔记》里提到,他曾在《永乐大典》里看到过有关宋代兵器神臂弓的记载。

相传神臂弓(也叫神臂弩),发射时立在地上,扣动扳机,能射穿三百步以外的铁甲。

> 我想抢点神臂弓,但是一直没成功。

金国悍将金兀术都说:"宋朝最牛的是神臂弓,其次是重斧,别的都是'渣渣'。"宋朝甚至在军法中规定,一旦战败,神臂弓必须销毁,这是为了防止被敌人缴获后生产"山寨版"。

《永乐大典》里保留了早在元代就已失传的神臂弓图解。然而令人扼腕的是,这部分的书卷也失传了。

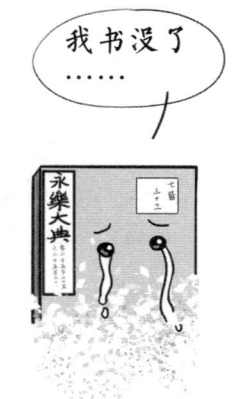

《永乐大典》中保留了早已失传的农学经典《种艺必用》,记录了很多蔬果的种植方法,如莴苣、荔枝、橄榄等。《种艺必用》里面还记载了用小便促进植物生长,帮植物压条生根的办法。

《永乐大典》中还找到了元代工匠大师薛景石《梓人遗制》的部分内容，使我们得以知晓当时木器的形状、结构、特点以及制造方法。其中有关于木车结构的五明坐车子、屏风辇、亭子车等，也有纺织工具华机子、立机子、罗机子、小布卧机子等。

苏州丝绸研究所就是根据这本书复制出了失传已久的汉唐罗机，进而复原出了通体皎洁的"练式罗"。

还有许多技术等待复原

生不逢时啊，要不然我肯定能当大国工匠。

这本书插图内容十分多样：器械结构、用料说明、零部件解析……它让插图的作用跳出了传统的"艺术"范畴，成为具备器械施工用图性质的"机械制图"。而作者薛景石和《永乐大典》编者摒弃了技术工艺"秘而不宣"的心胸，更加令人钦佩。

展　望

《永乐大典》六百余年的沧桑传奇，不但向世人展示了中华文化的博大精深，还带动了古籍修复事业的发展。

冷门行业翻红！
我是幕后推手！

近年来，不断发展的数字技术为古籍研究提供了便利。比如"捞书"要经历文献收集、校订、鉴别、编次等几道工序，有了"古籍数字化"技术加持，文献收集环节的效率显著提高，这将加速《永乐大典》等众多古籍的"捞书"进度。

科技影响未来

随着 5G、VR（虚拟现实）等新兴科技的崛起，"沉浸式阅读"体验也从概念步入了现实。2020 年，国家图书馆"全景文化典籍"项目启动，以《永乐大典》为主题，打造出了全景的大典虚拟场景：从包罗万象、品貌非凡到战火纷飞、饱受劫难、流散天涯，再到守望传承、重现辉煌——让观者穿越岁月长河，身临其境地感受这一传奇巨著。

场景、建筑、服饰、家具陈列等都按照文献记载高度复原，努力编书的解缙，头号粉丝嘉靖皇帝……穿梭在这样的场景中，梦回明朝的恍惚感扑面而来。

VR 版《永乐大典》项目让更多读者感受到了大典的魅力，强化了读者对中华传统文化的归属感和自豪感。

《永乐大典》蕴藏的巨大的文化价值，也在催生一门新的学科——《永乐大典》学。

甚至有学者为此提出了设想：要为《永乐大典》建立一个专门的研究网站；成立一个研究中心；出版一部集大成的新校注整理本；建设一个全文数据库；汇编一套研究丛书；培养一批研究人才。

我们呼唤，流落世界各地的《永乐大典》残本回到祖国；

我们期待，神秘隐身的大典正本有朝一日重见天日；

我们企盼，大典修复和探索的进程不断加速；

我们希望，大典从皇家的秘库高阁走入田间地头，从图书馆和博物馆走入市井人家；

我们坚信，保护大典的最好方式是继承和发展；

五千年中华文脉不老，六百载《永乐大典》熠熠生辉。

《永乐大典》的"个人档案"

基本信息						
姓名	永乐大典	书别	类书	出生年月	1408 年	
册数	11095	卷数	22937	字数	3.7 亿	
收书种数	约 8000	现存册数	436	现存卷数	819	
载体材料	白棉纸	装帧形式	包背装	装帧	朱丝栏、正文墨色正楷	
成册尺寸	50cm×30cm	每册页数	约 50	封面	硬装、包黄绢	
套函数	1110	每函册数	10	每页行数	10	每行字数	小字 28
原居住地	南京文渊阁、北京文渊阁、皇史宬、翰林院等					
现居住地	中国、日本、美国、英国等 8 个国家和地区					
家庭成员信息						
稿本	组织者	朱棣	编者	姚广孝、解缙等	生卒	1407—1449
	主要事迹	1403 年,明成祖下令修书				
		1404 年,首次成书,名《文献大成》				
		1405 年,重修				
		1407 年,初稿完成				
		1449 年,卒于南京宫内大火				
永乐正本	组织者	朱棣	抄者	全国书画能手,抄稿本	生卒	1408—?
	主要事迹	1408 年,抄完,象征着《永乐大典》的正式成书				
		1421 年,从南京文渊阁迁到北京文渊阁				
		1557 年,北京奉天门大火,被超级粉丝朱厚熜火速抢救				
		约 1600—1700 年,下落不明				

嘉靖副本	组织者	朱厚熜	抄者	徐阶、高拱、张居正等	生卒	1567年至今
	主要事迹	1562年,明世宗嘉靖皇帝朱厚熜令人抄写					
		1567年,完成抄写					
		雍正年间(1723—1735),副本收藏于翰林院					
		1773年,乾隆开修《四库全书》,发现有千余册失踪					
		1860年,大部分毁于英法联军					
		1894年,仅剩八百余册					
		1900年,翰林院毁于八国联军战火,《永乐大典》所剩无几					
		新中国成立后,踏上坎坷回归路,目前224册入藏国家图书馆					

荣誉称号	
获得时间	称号
1408	中国历史上最大、最早的类书
1408	世界有史以来最大的"百科全书"
1522—1566	皇帝最喜欢的书
1562—1567	最强大"手抄天团"的作业目标

个人技能		
辑佚	"捞书"	捞出了《旧五代史》《宋会要》《建炎以来系年要录》等
校勘	"挑错"	给《山海经》等书挑错